Ah, pequeno aventureiro das cores, estás prestes a embarcar numa mundo mágico, onde cada página do teu ebook é um novo mundo a ser descoberto. Com teu pincel ou lápis como fiel companheiro, vais desbravar florestas encantadas, mares misteriosos e castelos escondidos nas nuvens. Lembra-te de que cada cor que escolheres é um reflexo da tua alma aventureira e cada traço, um passo em direção ao maravilhoso desconhecido. Não tenhas medo de misturar as cores e experimentar, pois é assim que as mais belas paisagens são criadas. Através deste ebook, tens o poder de trazer vida e magia ao mundo ao teu redor. Então, agarra teus lápis de cor com coragem e deixa tua imaginação te guiar por esta aventura sem igual. Lembra-te, pequeno artista, de que em cada página pintada, um pedacinho do teu coração ficará eternizado. Avante, pois grandes aventuras te aguardam!

Selton Guihole

2024

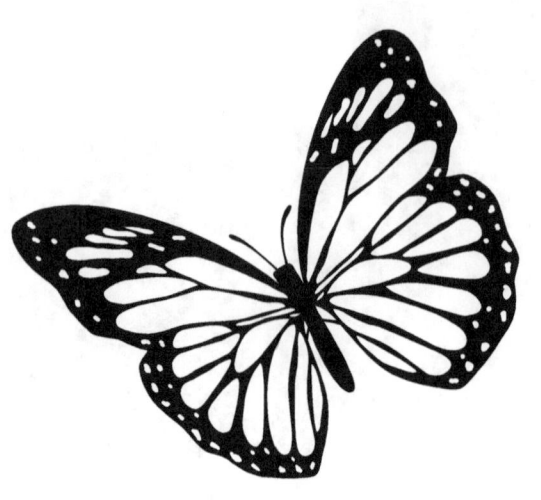
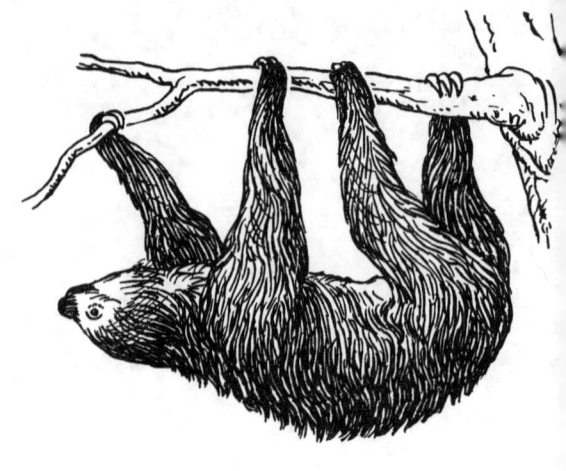

ESTE LIVRE PERTENCE

○━━━━━━━━━━━━━━━━━━━━━○

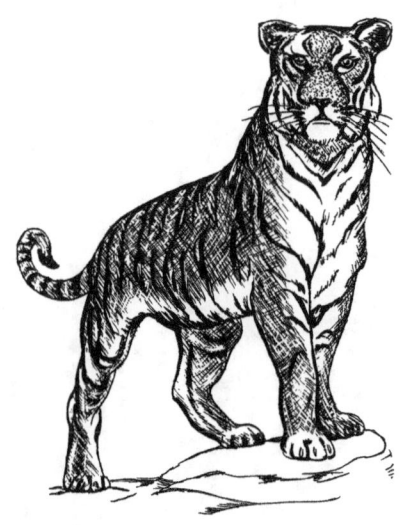
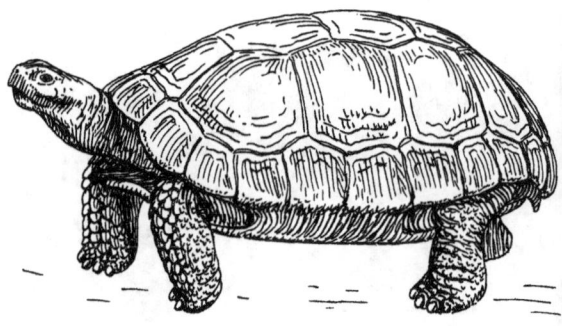

TESTE AS SUAS CORES

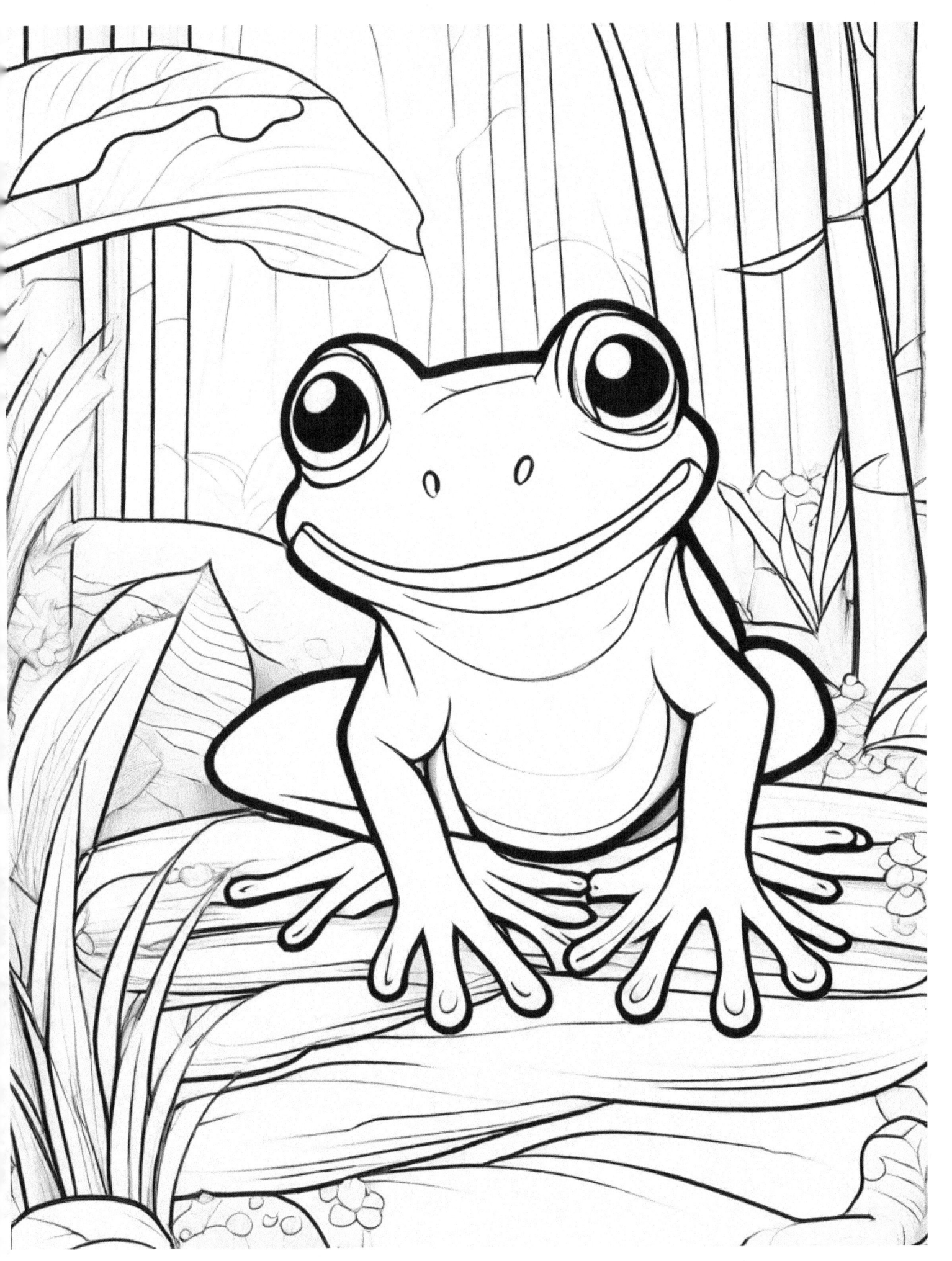

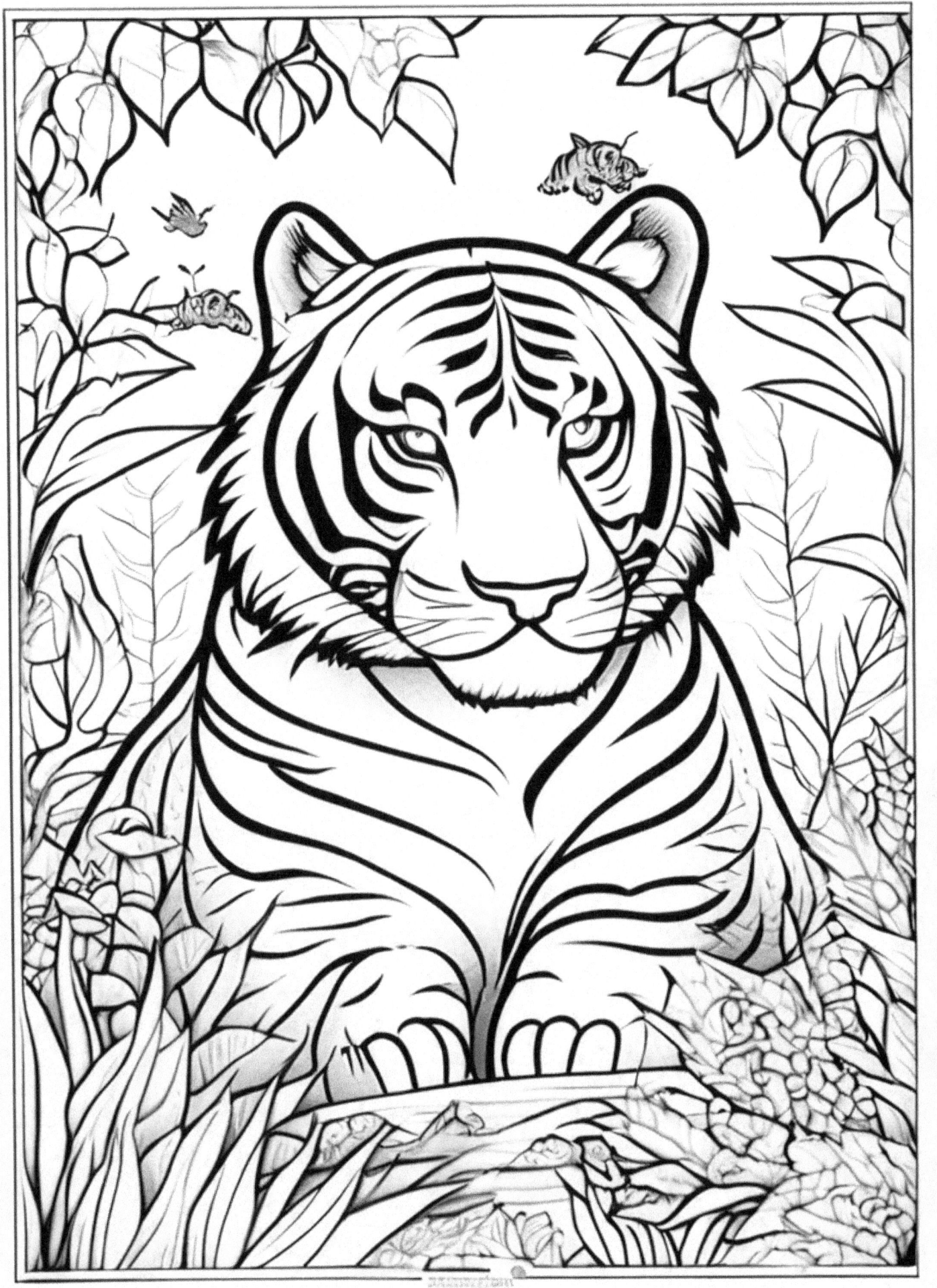

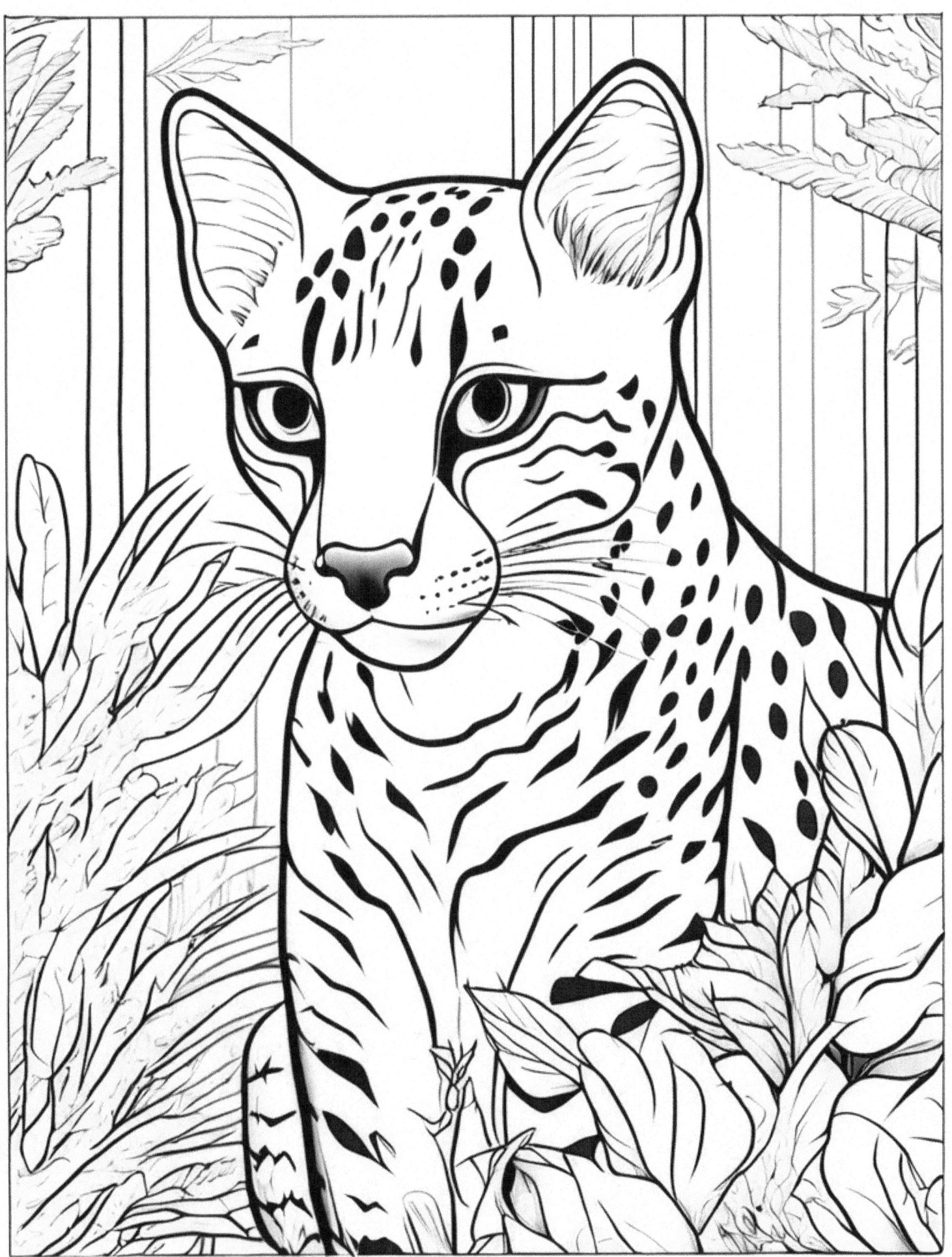

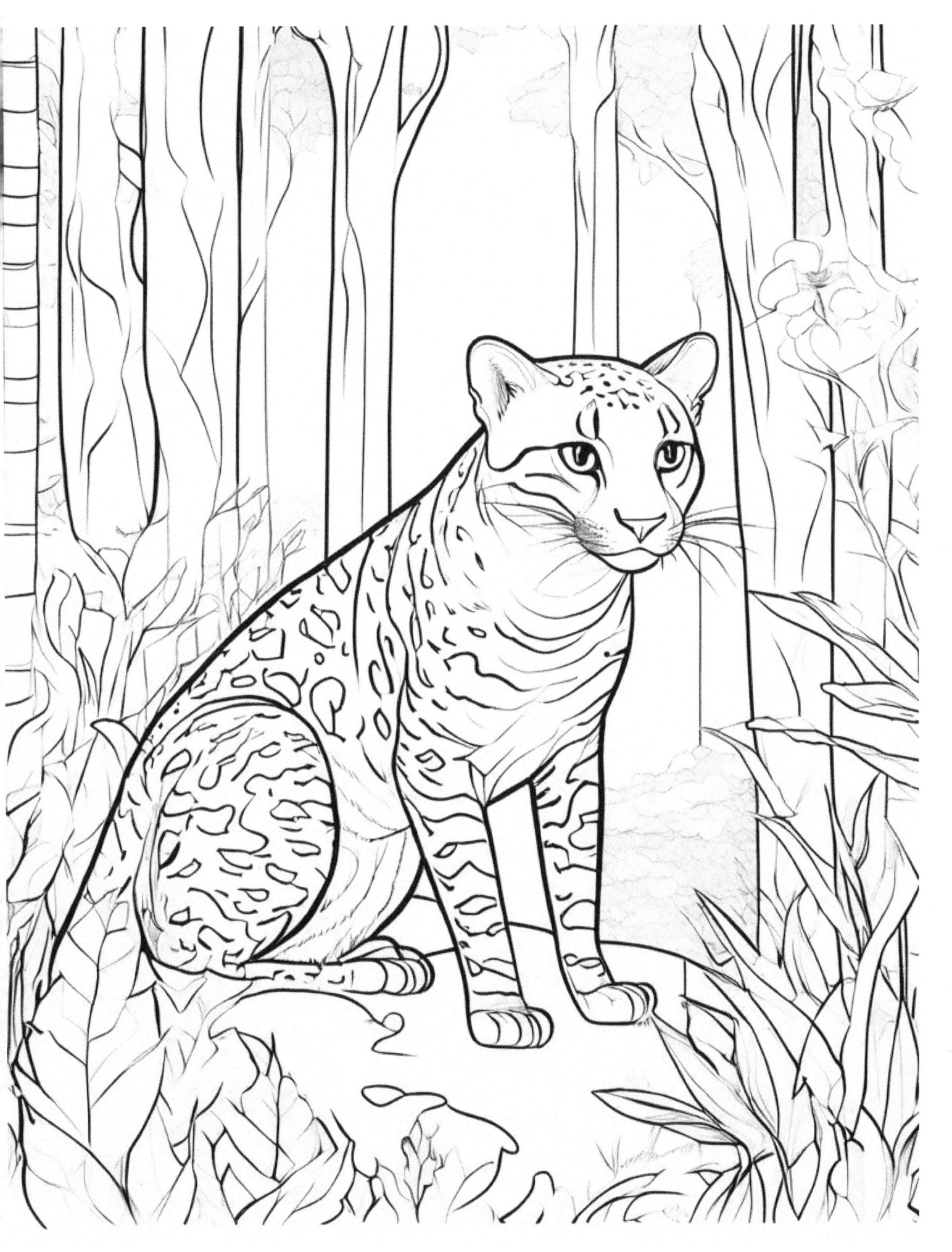

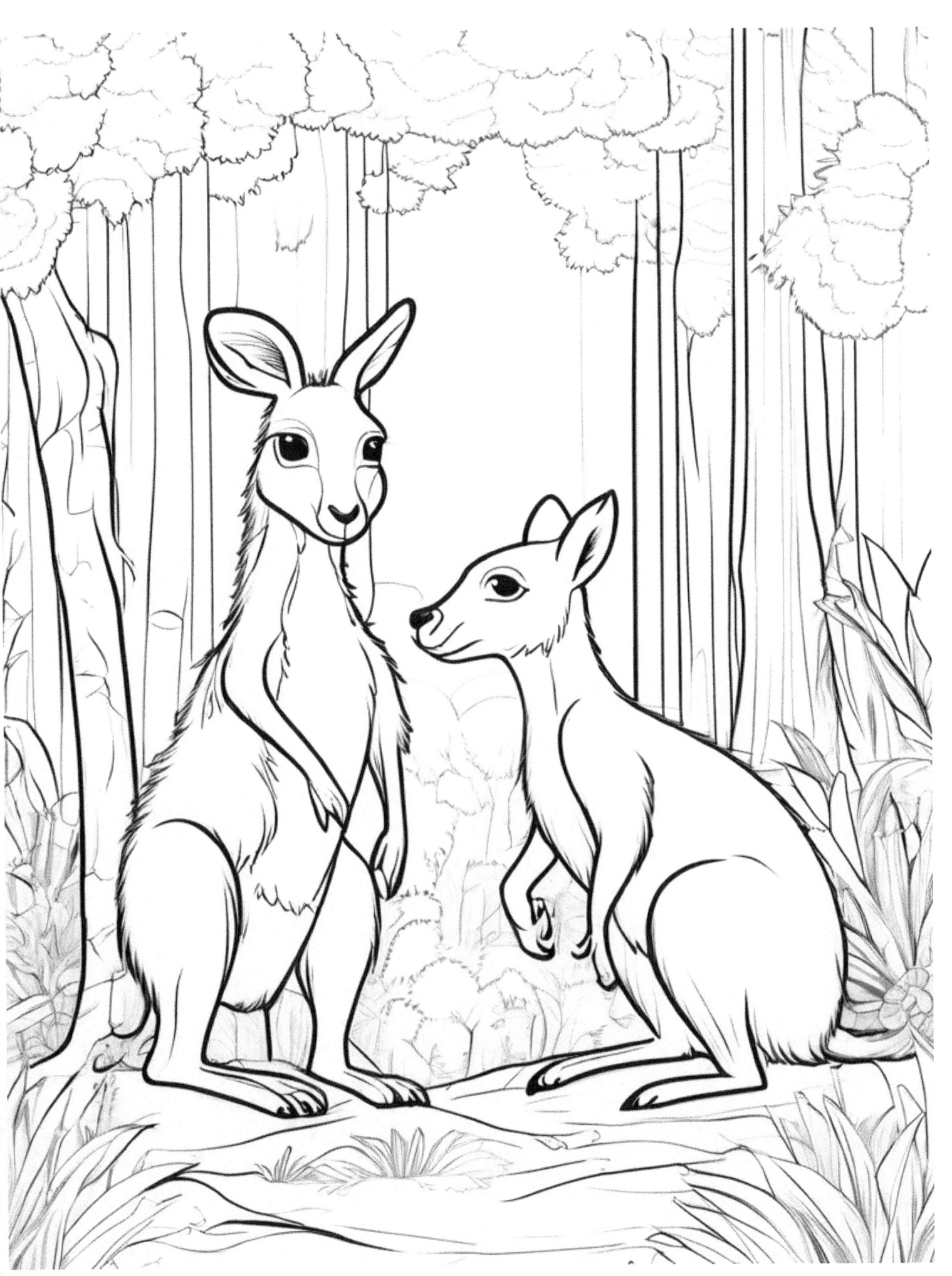

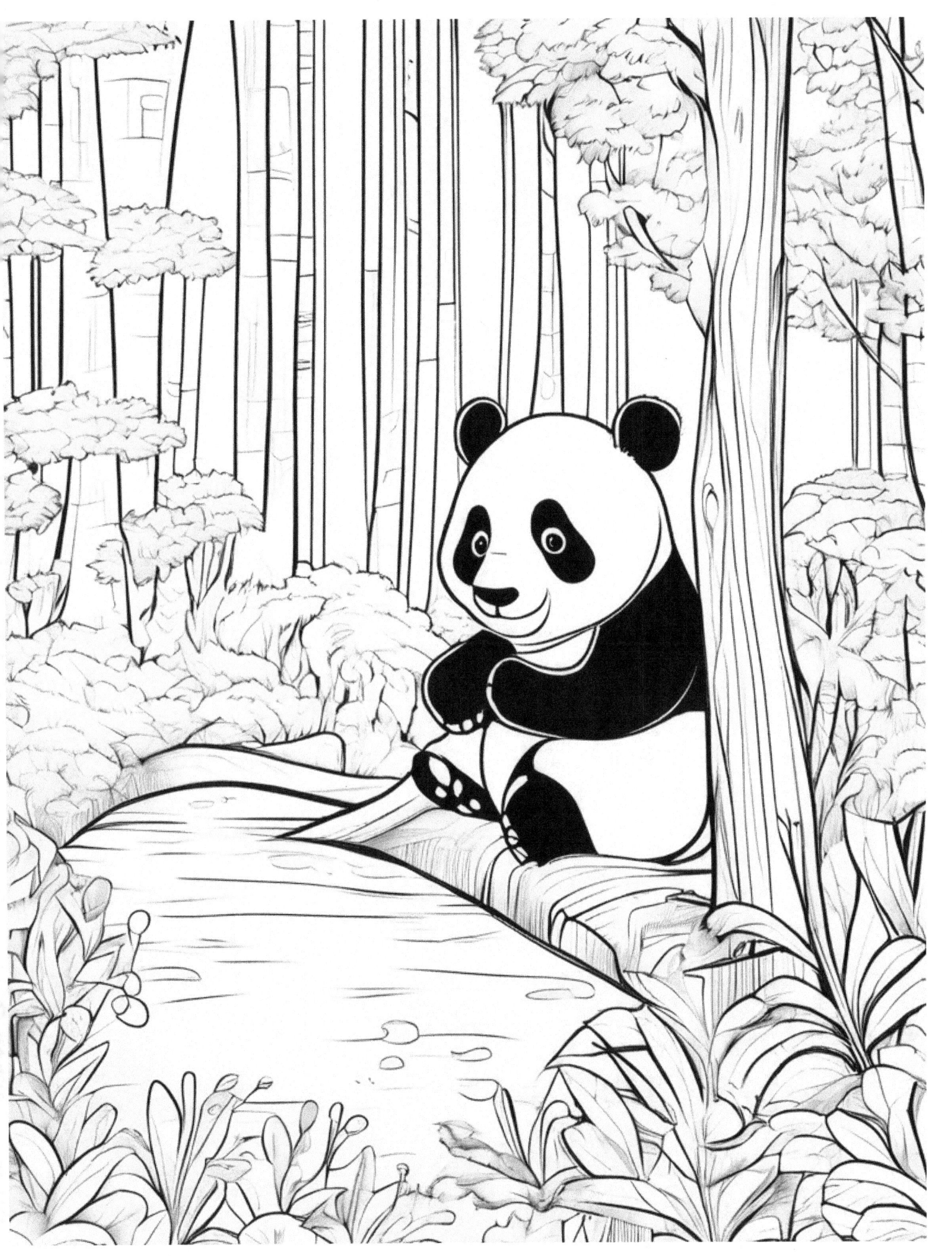

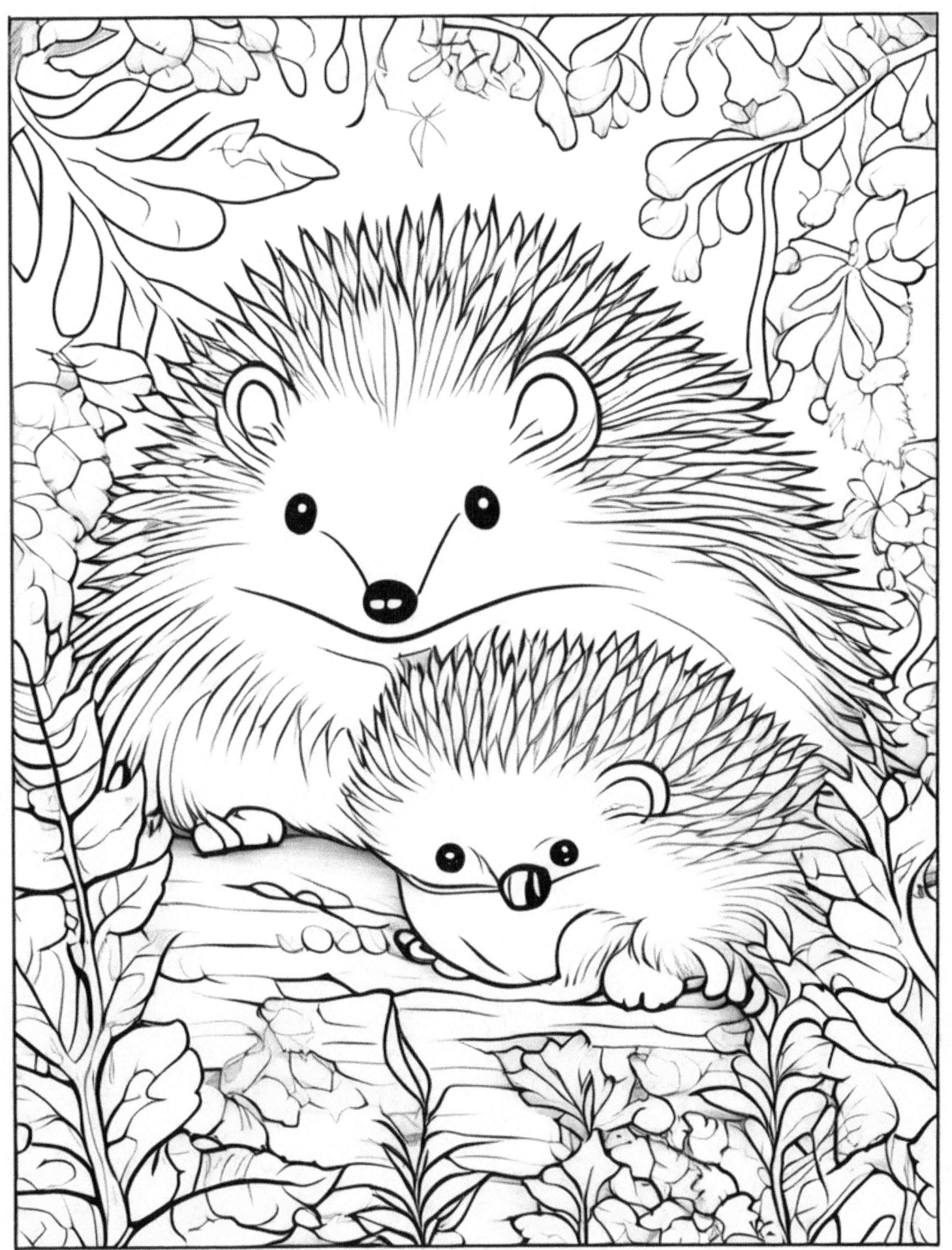

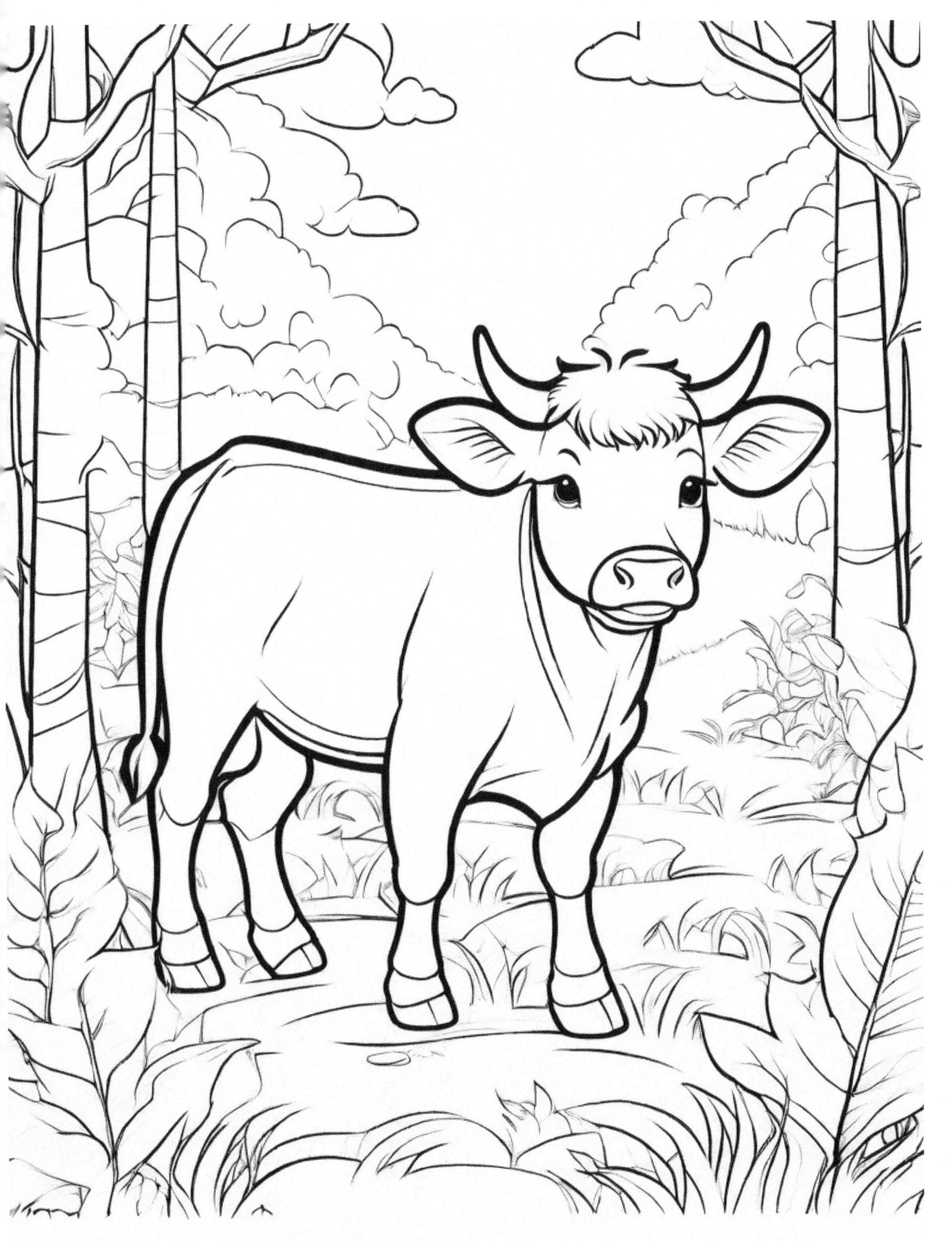

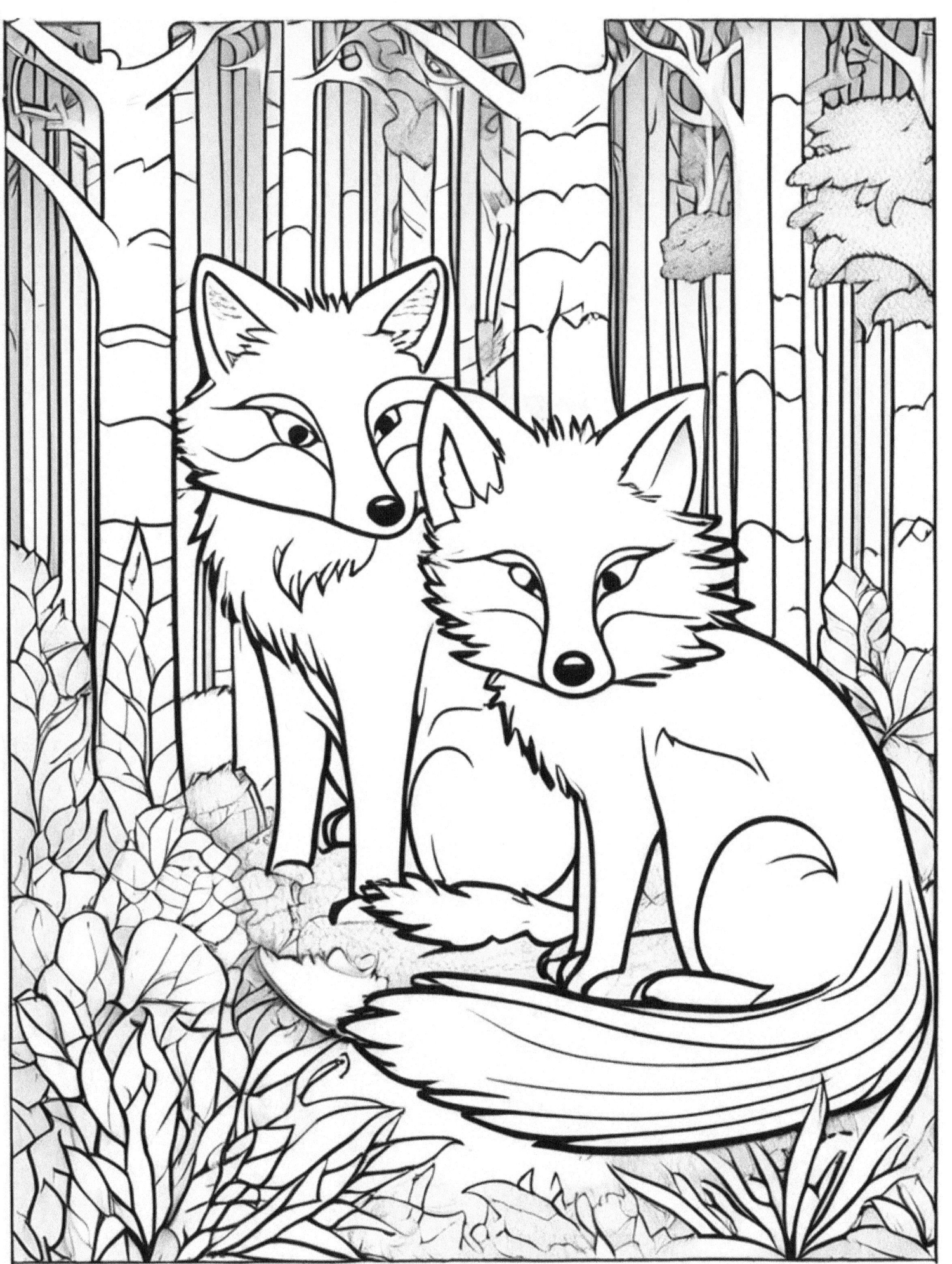

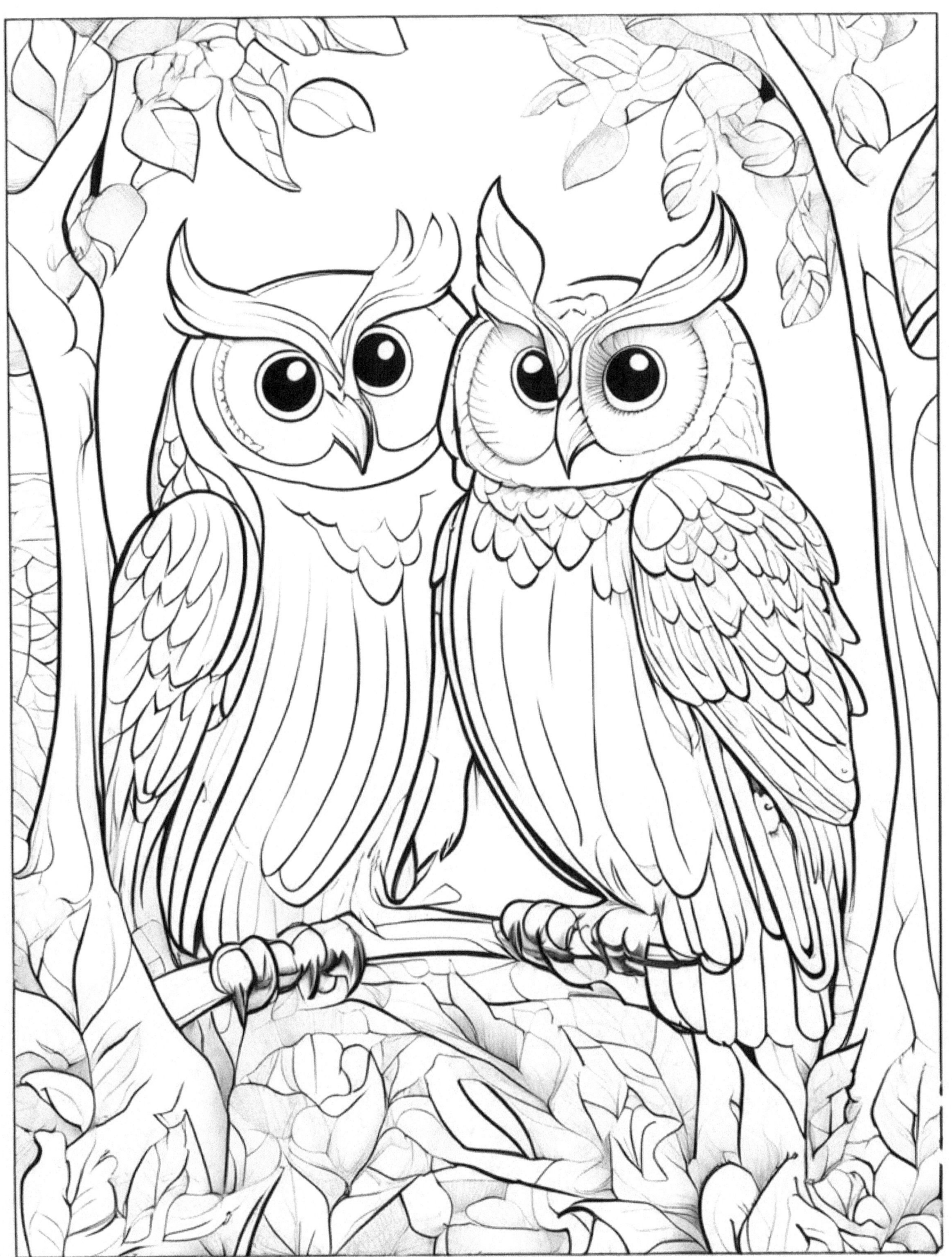

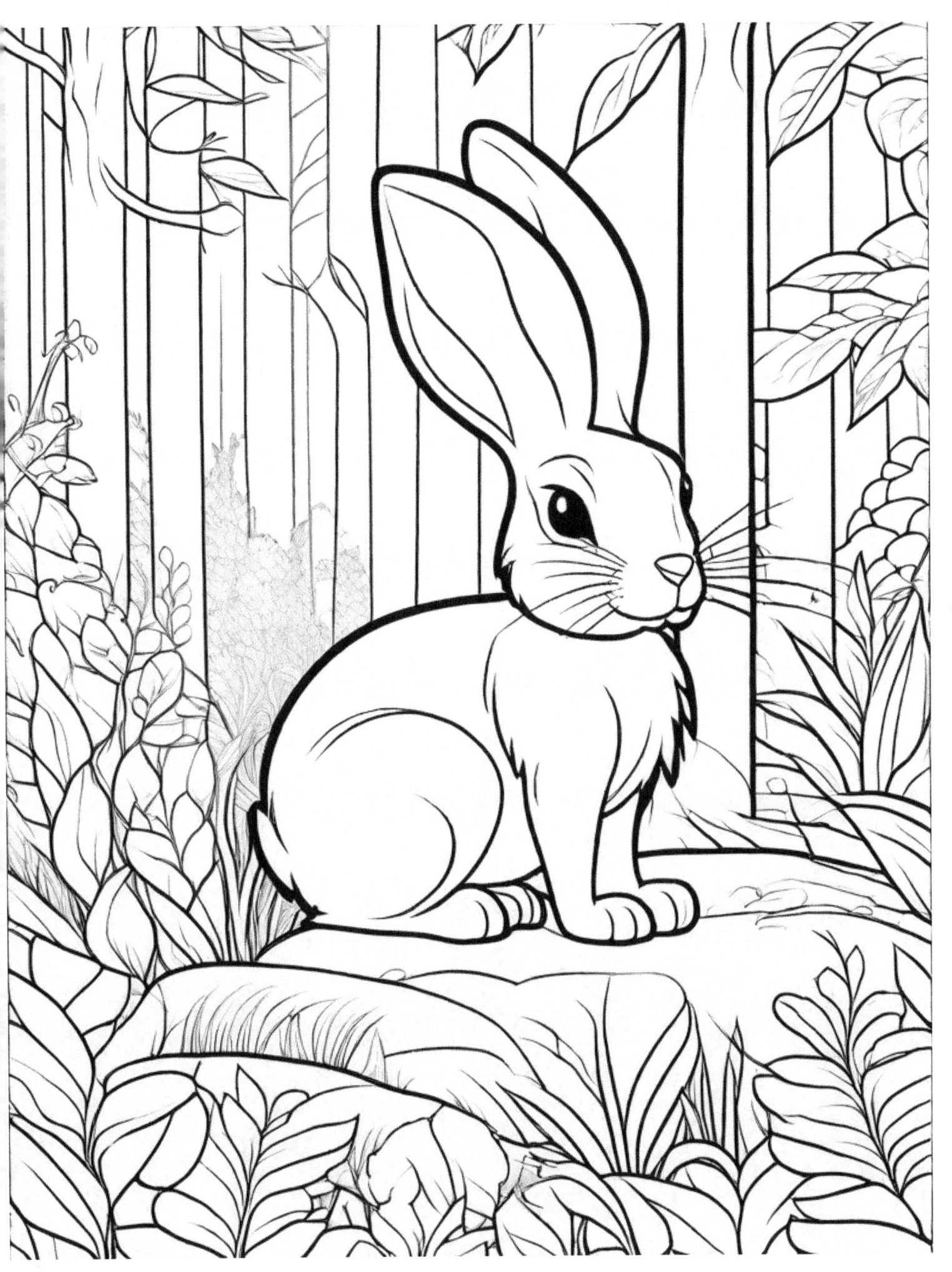

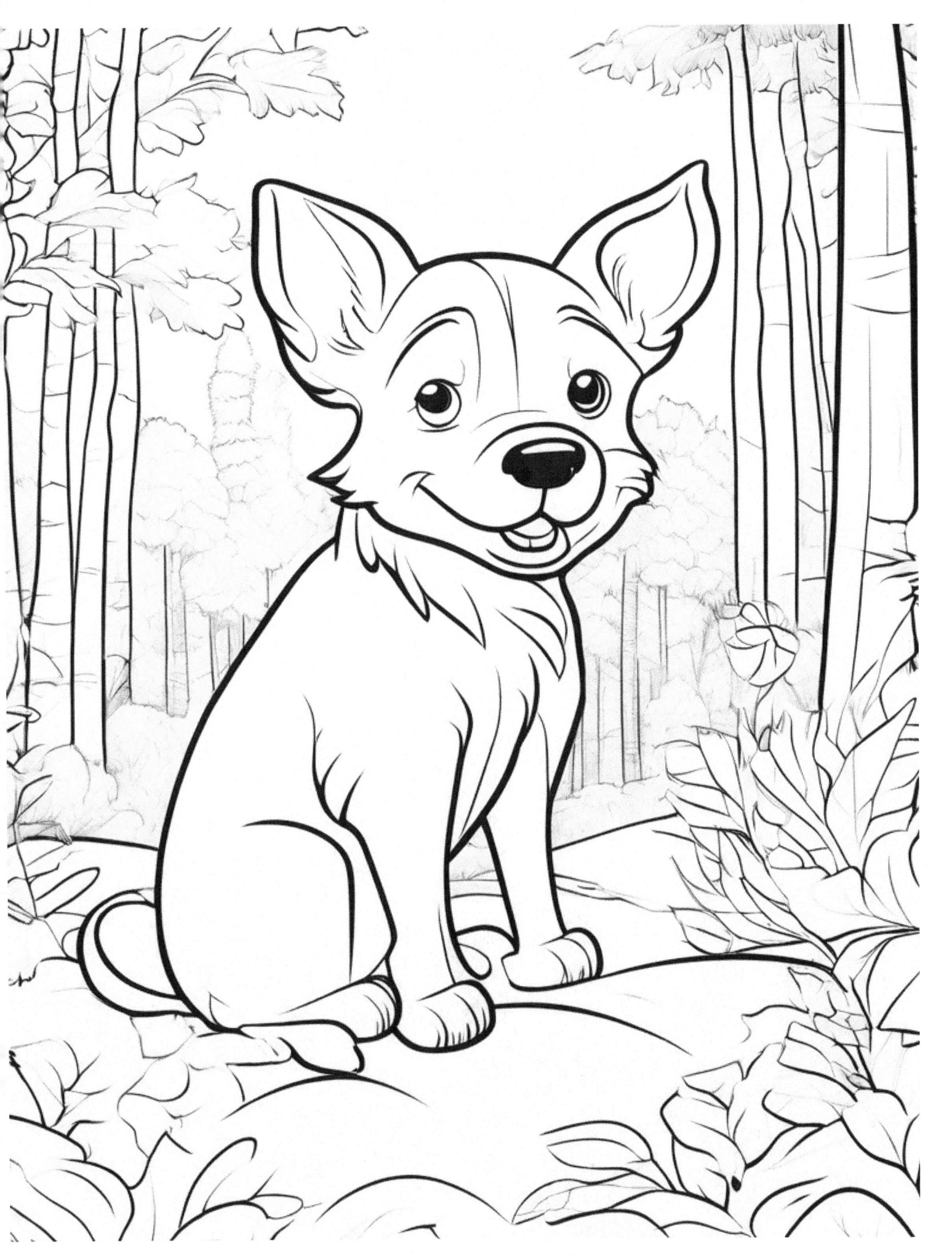

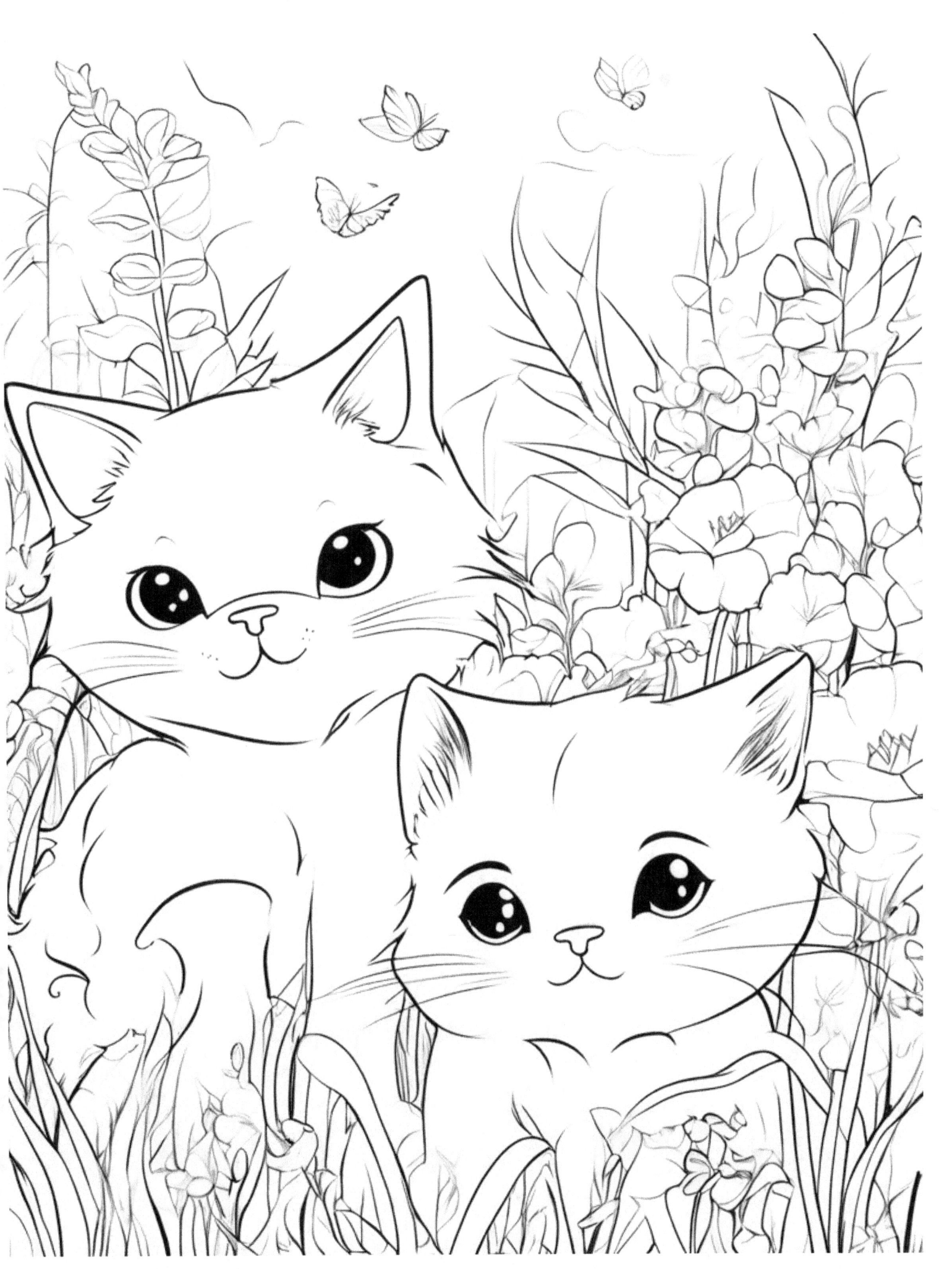

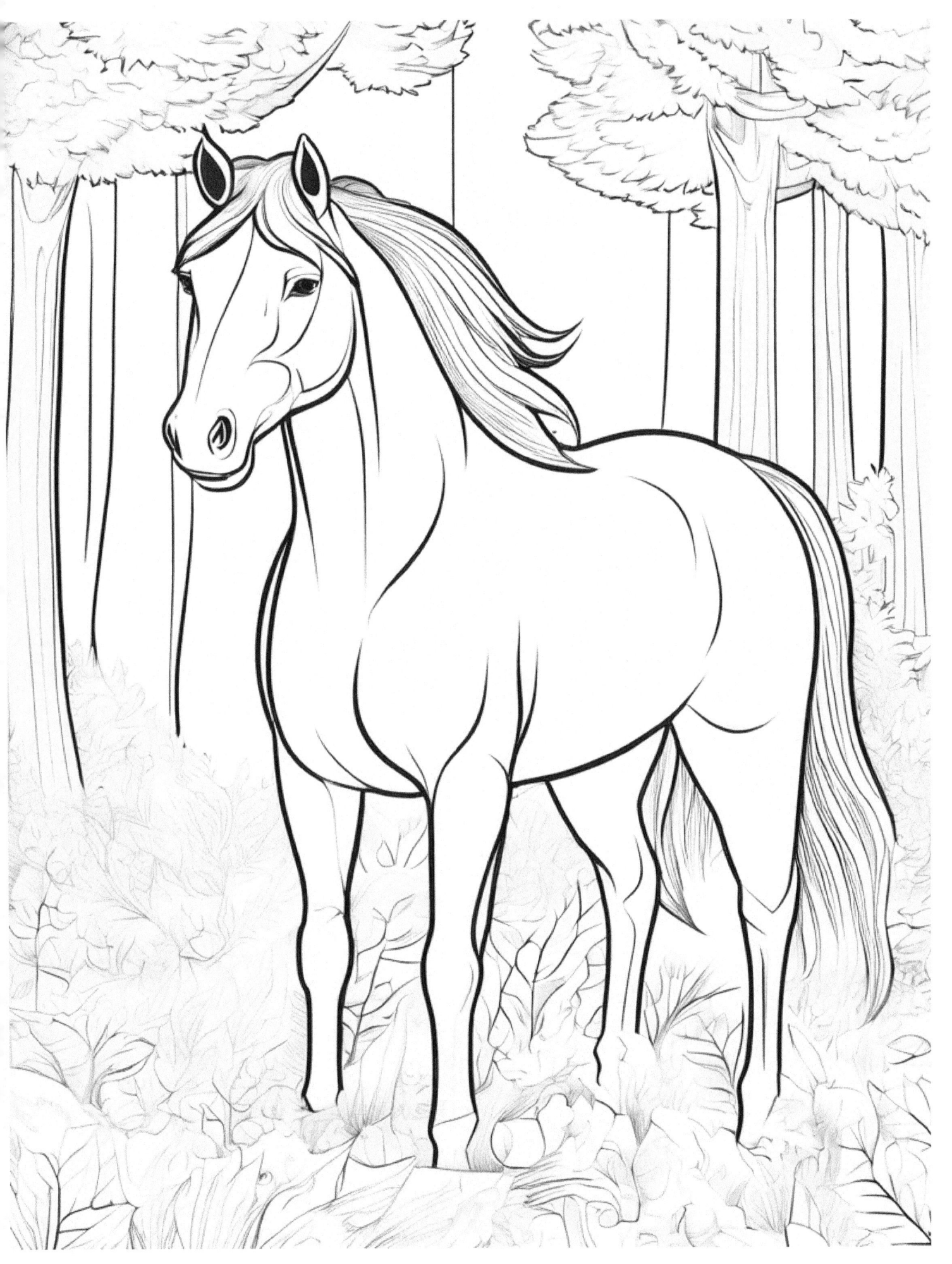

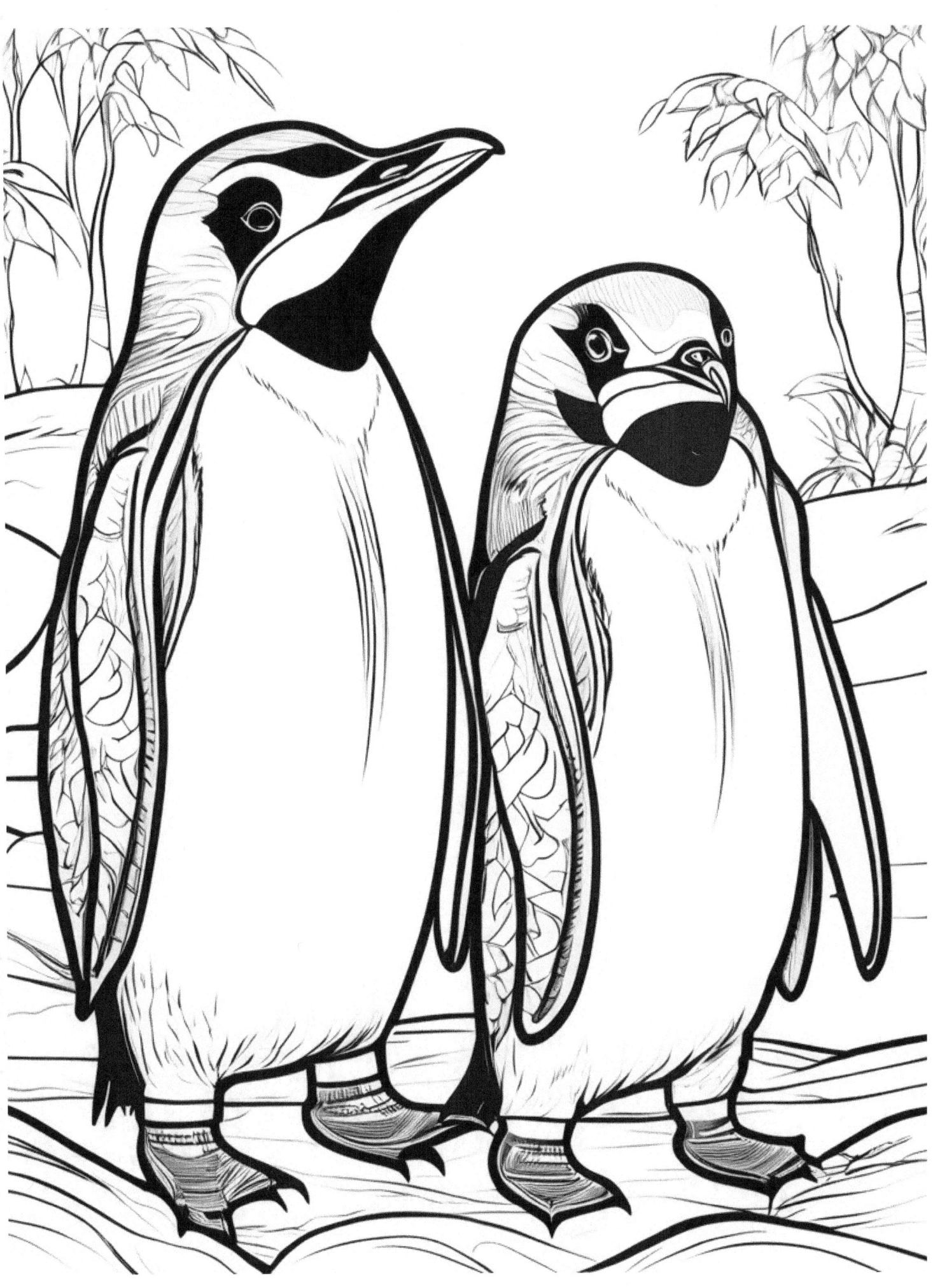

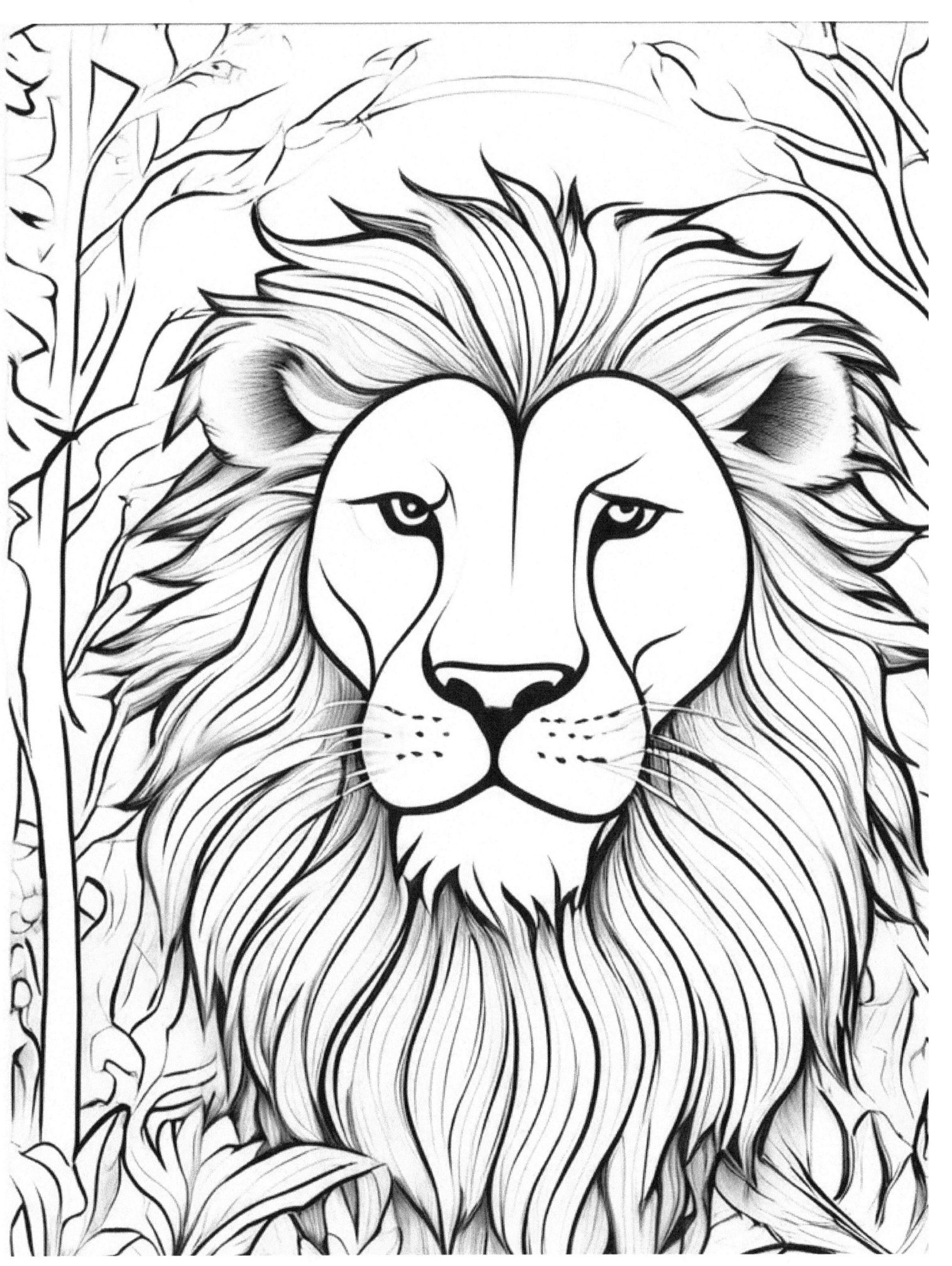

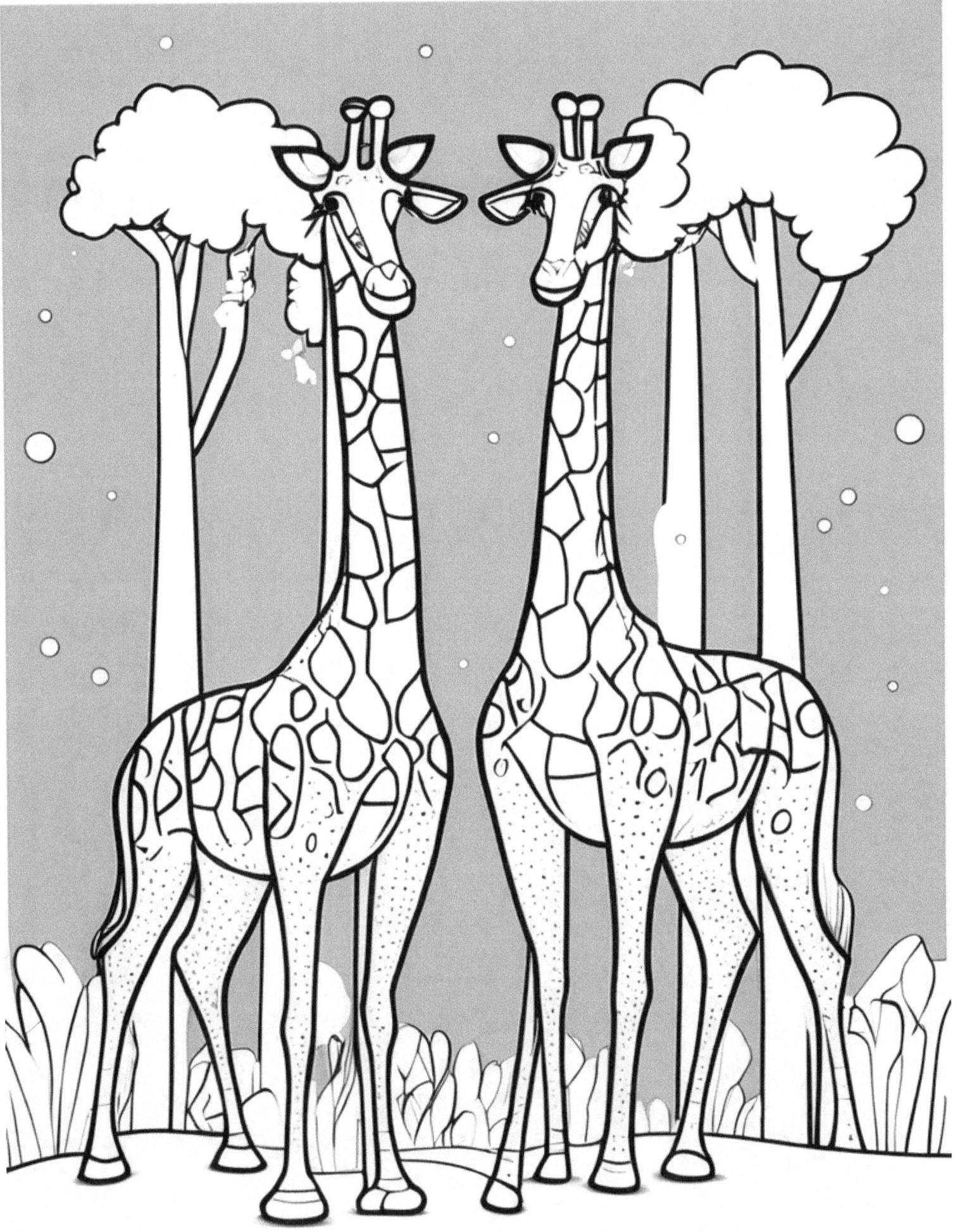

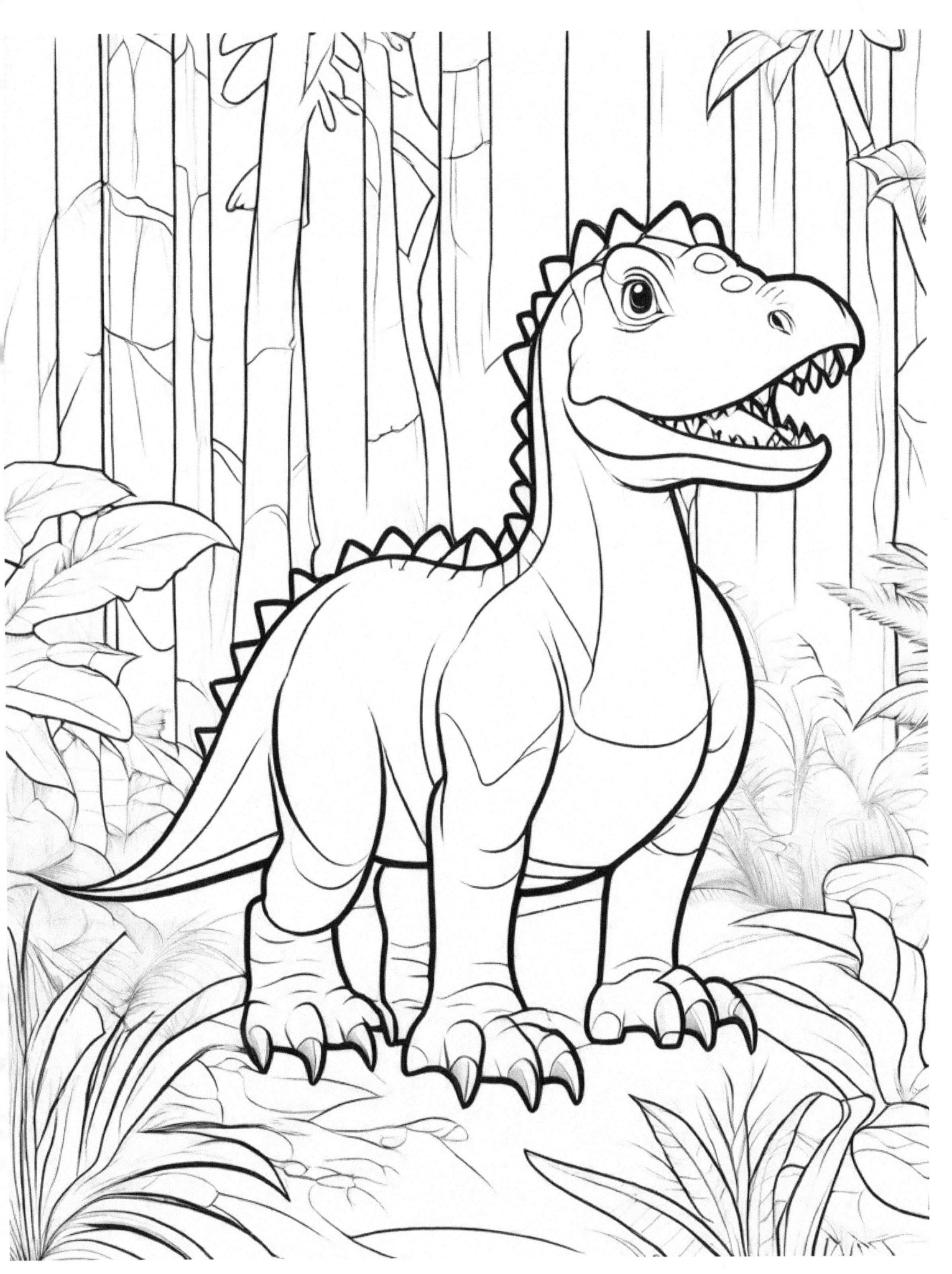

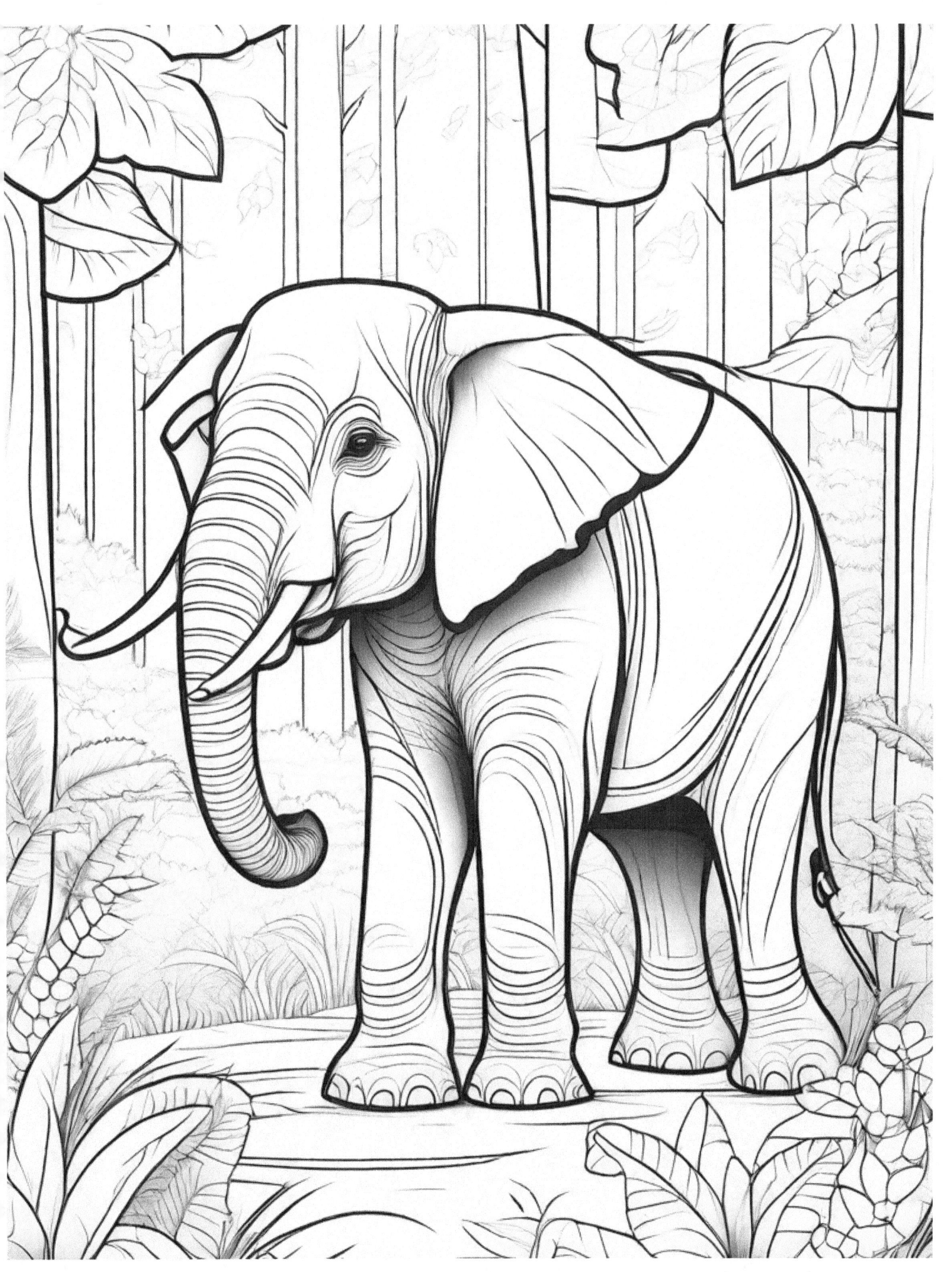

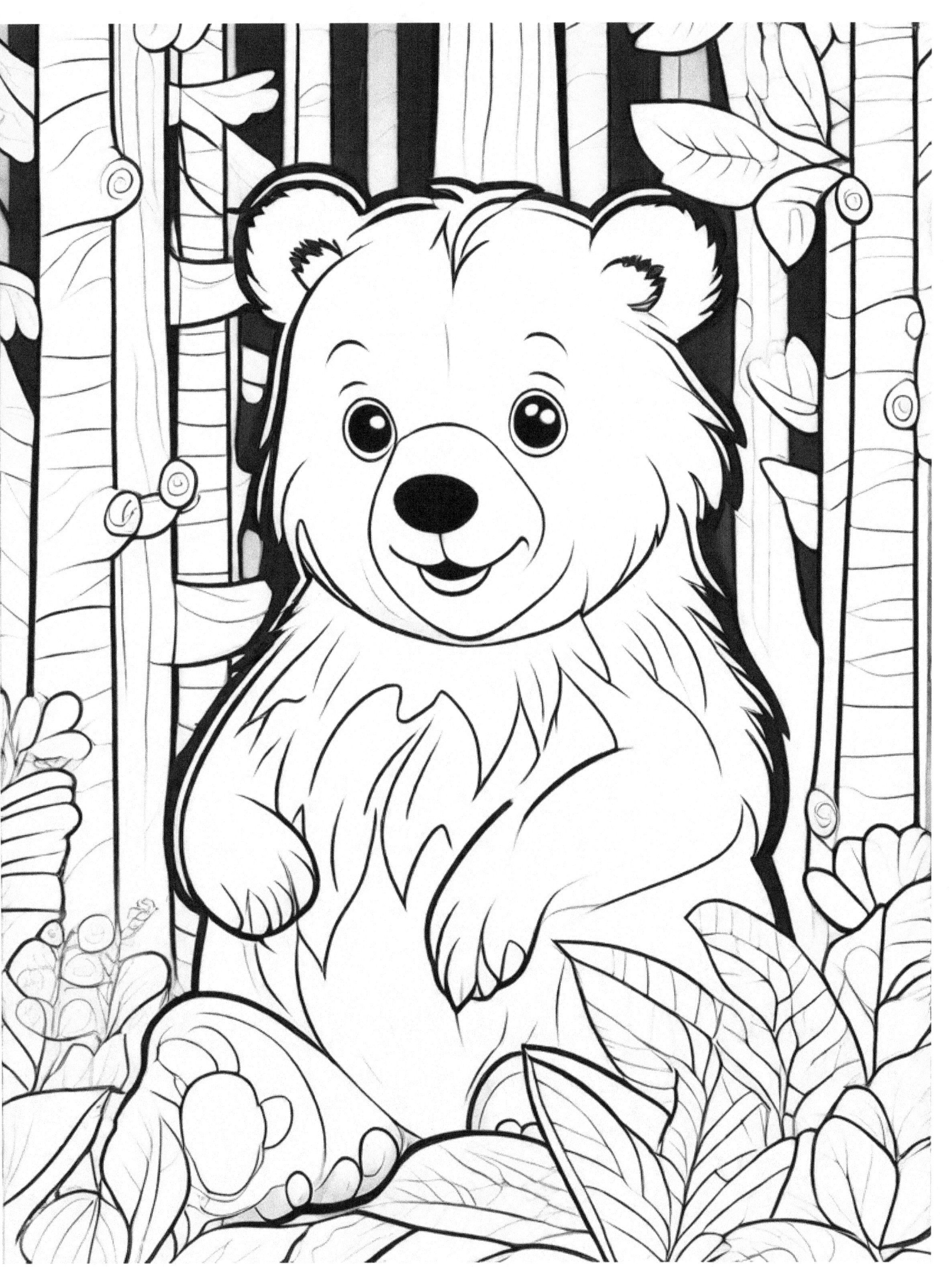

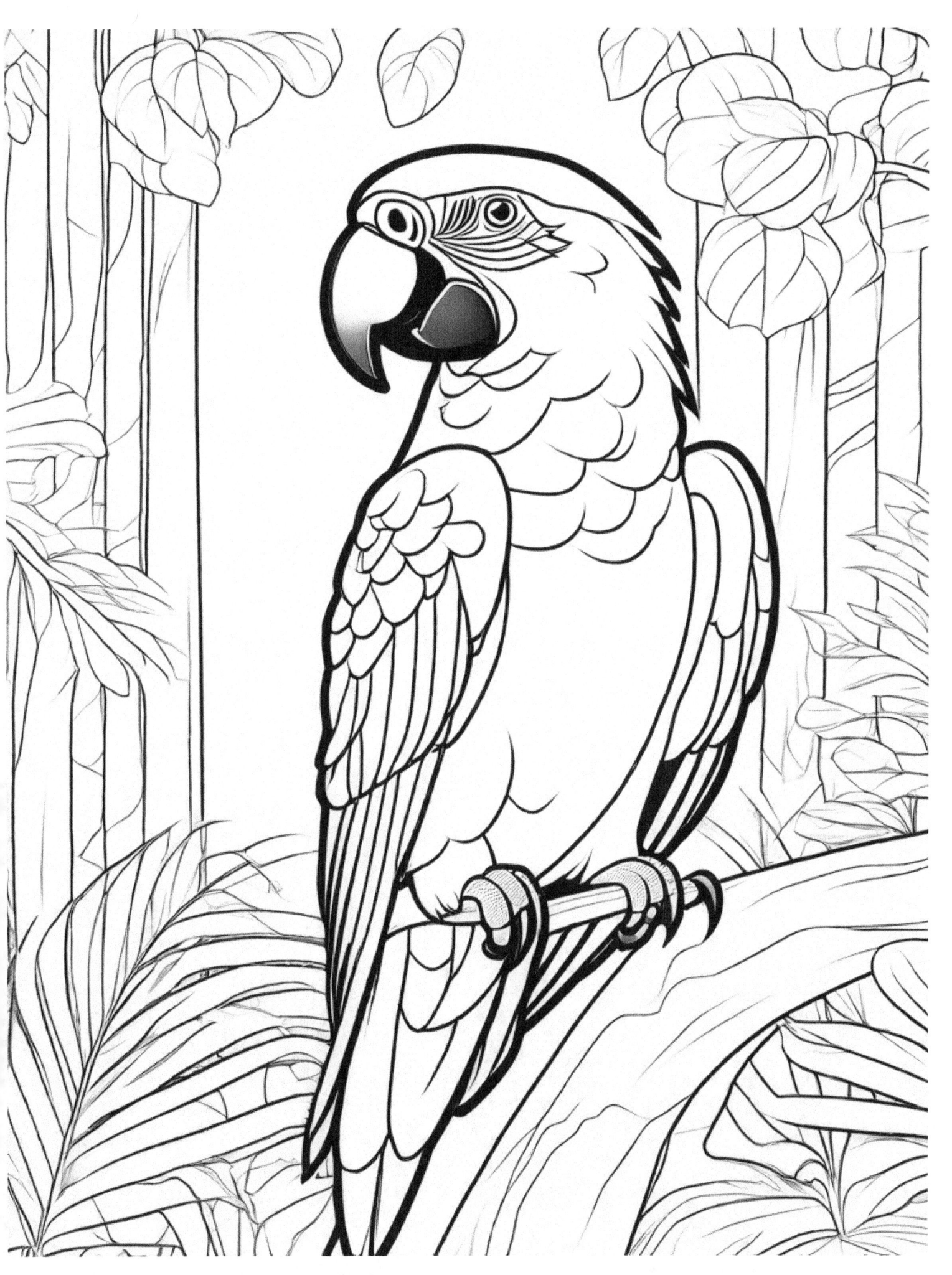

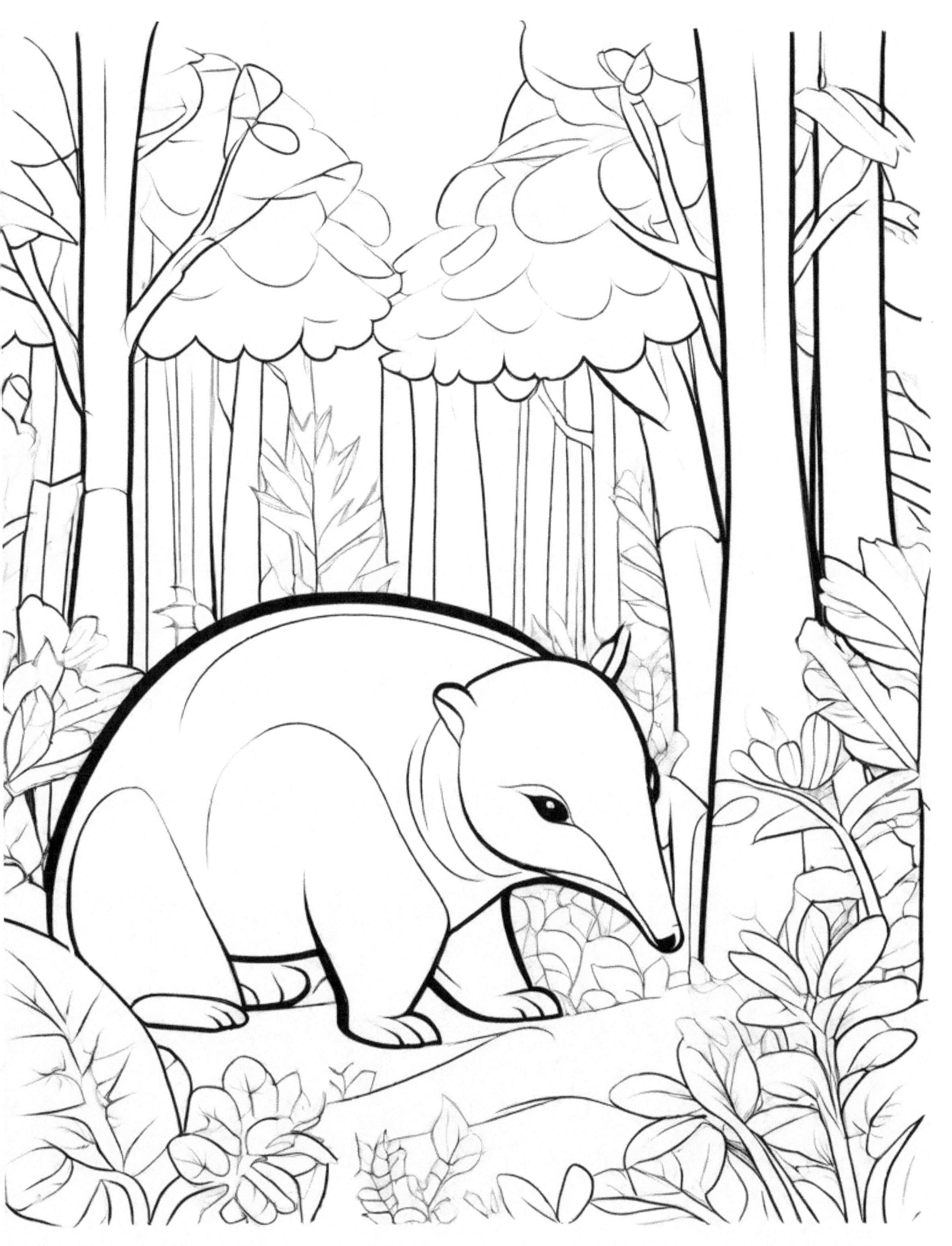

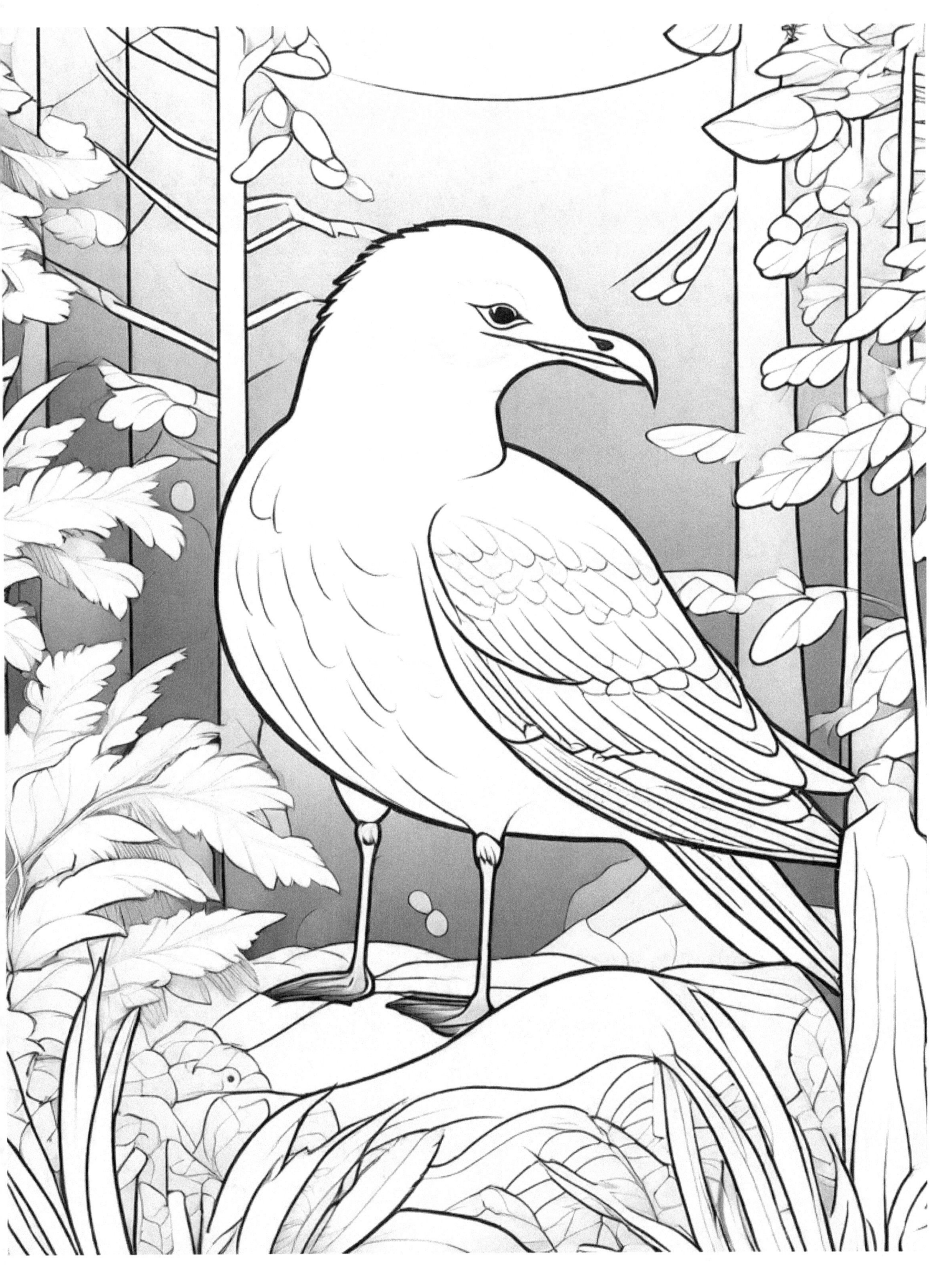

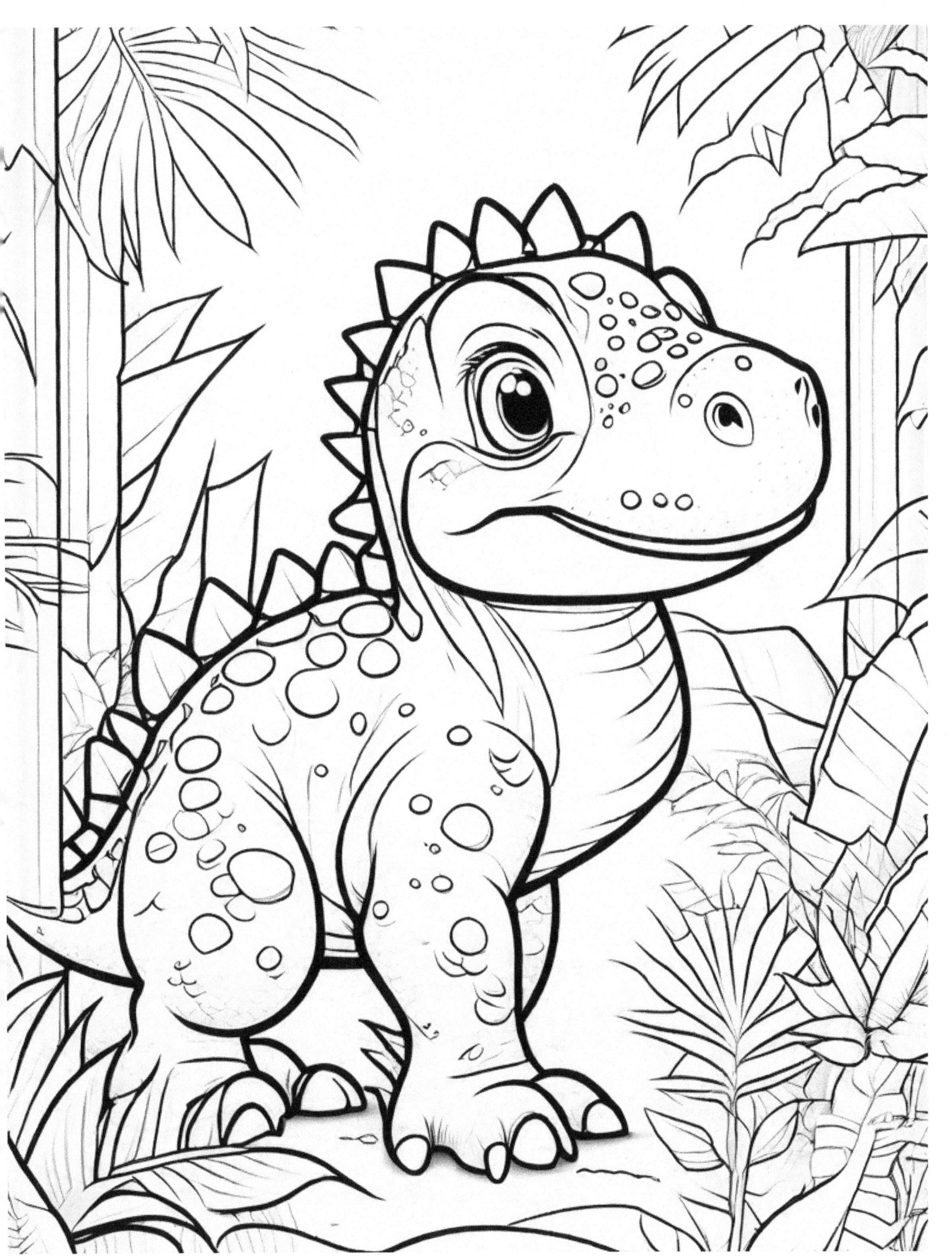

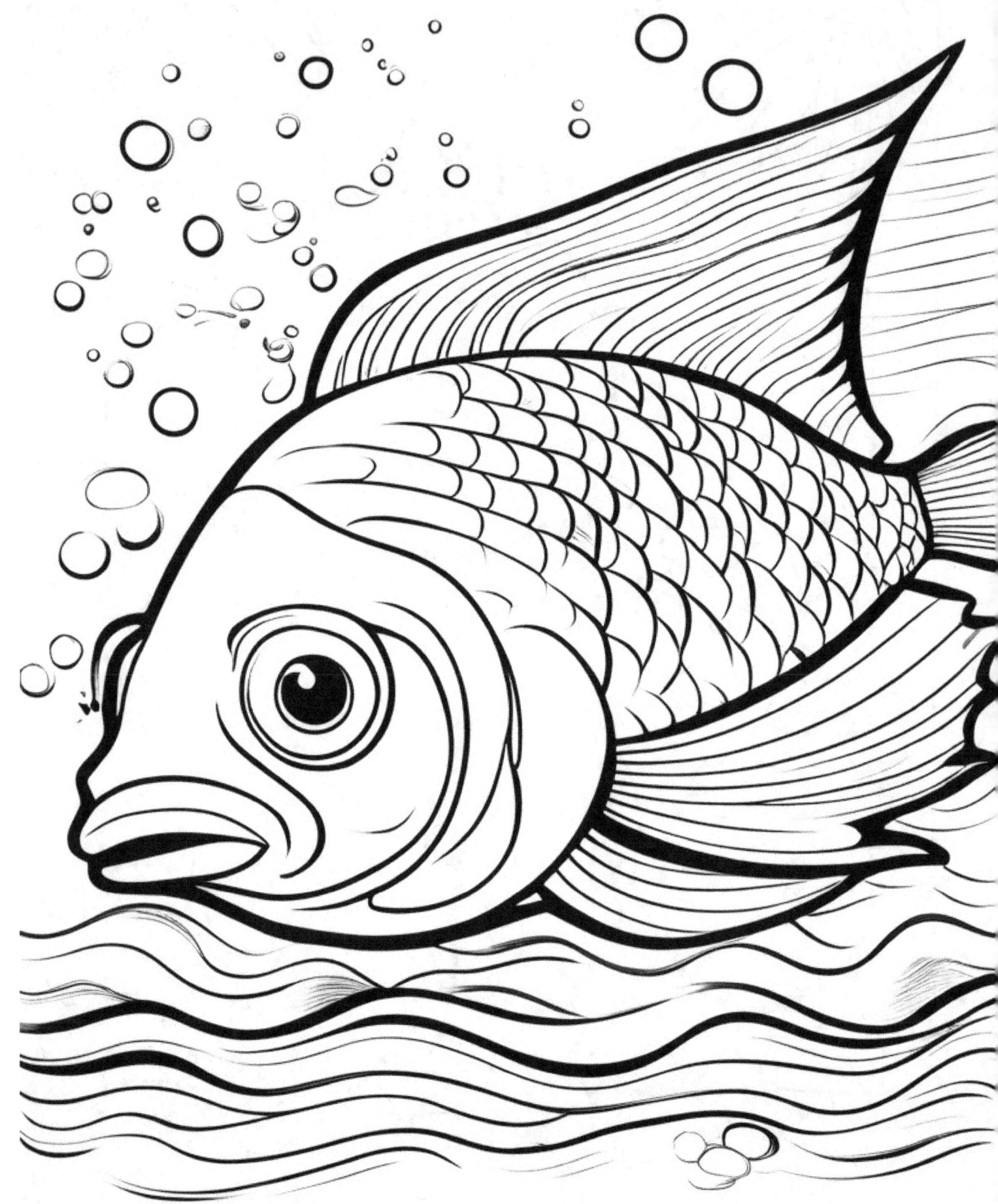

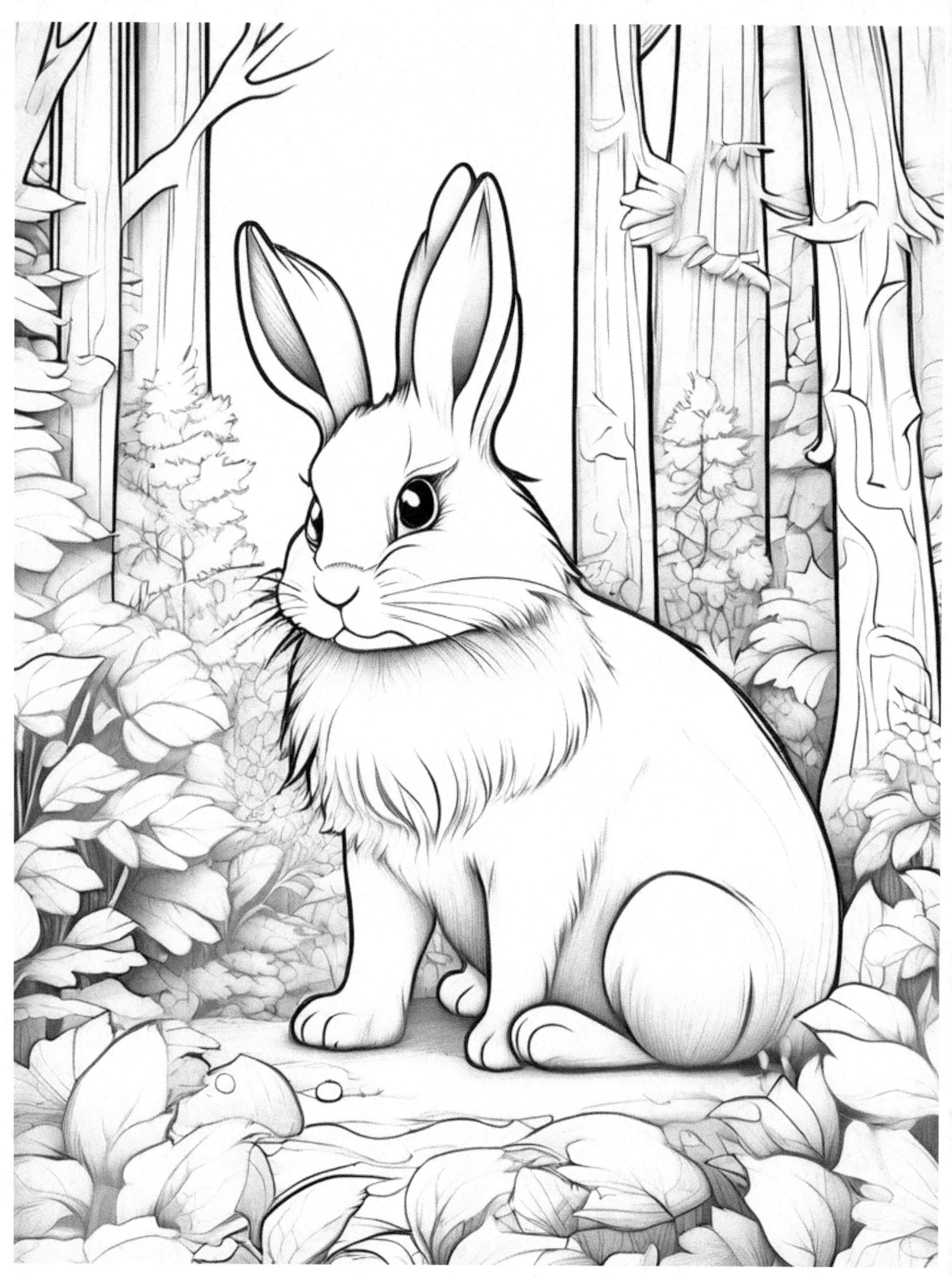

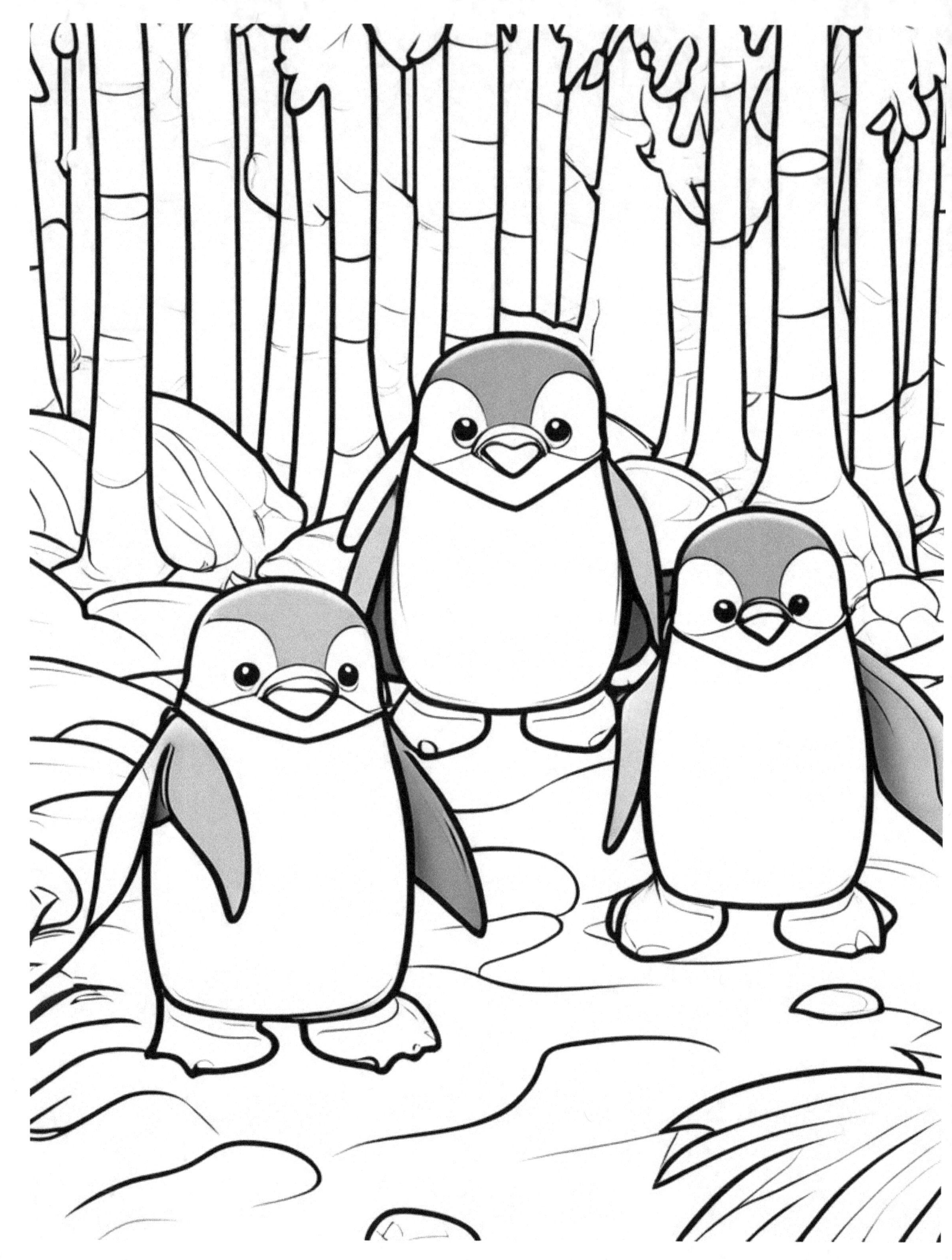

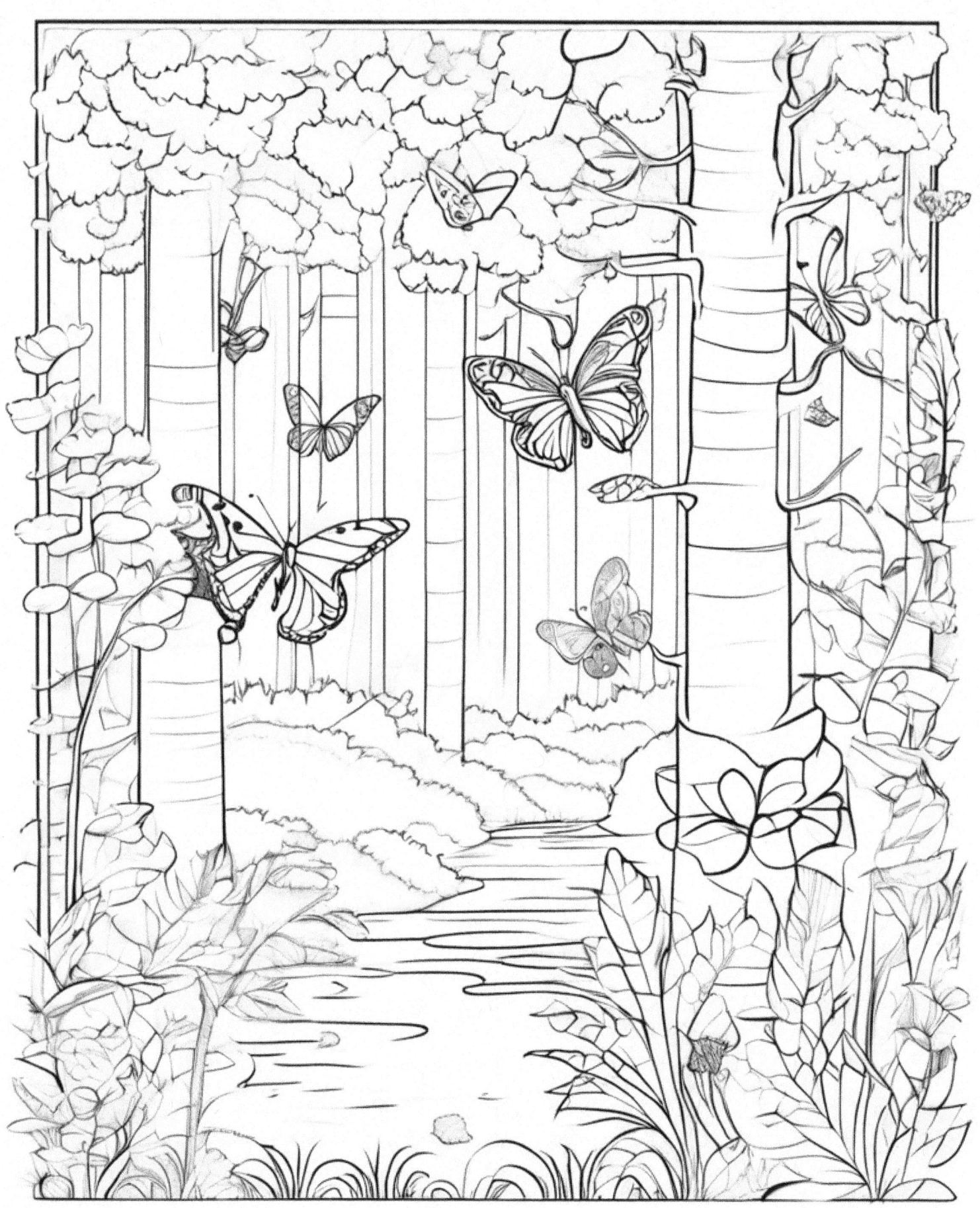

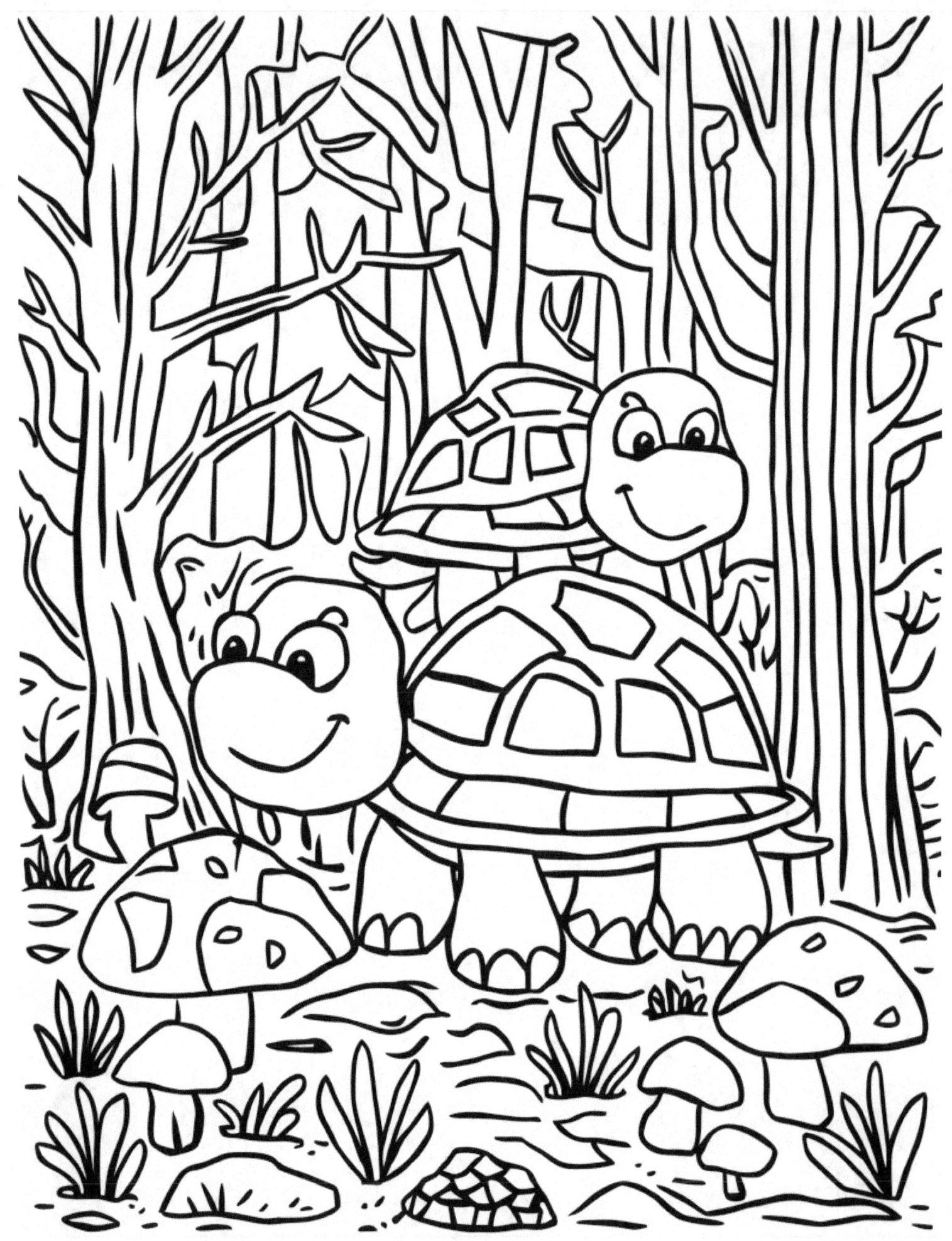

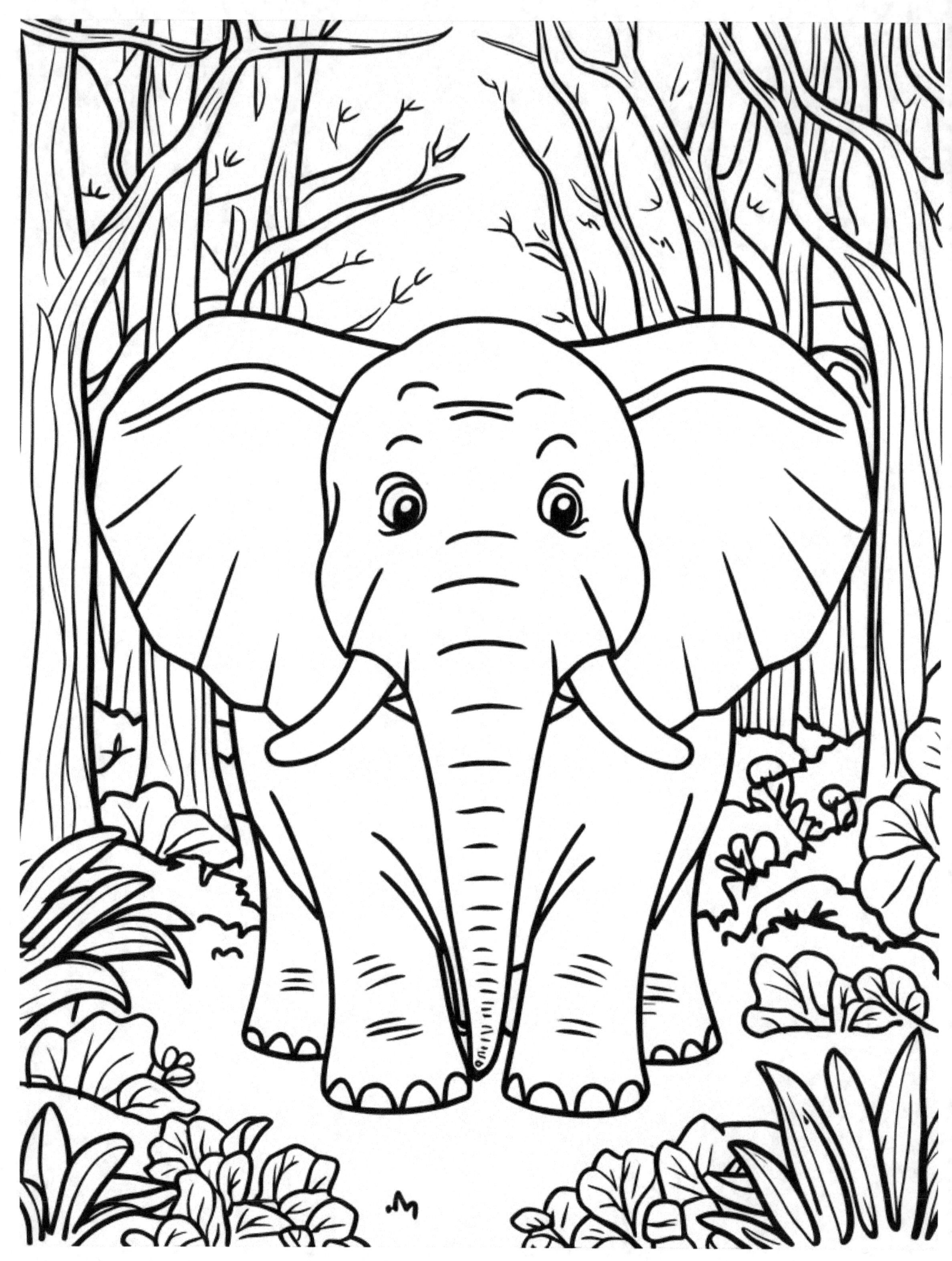

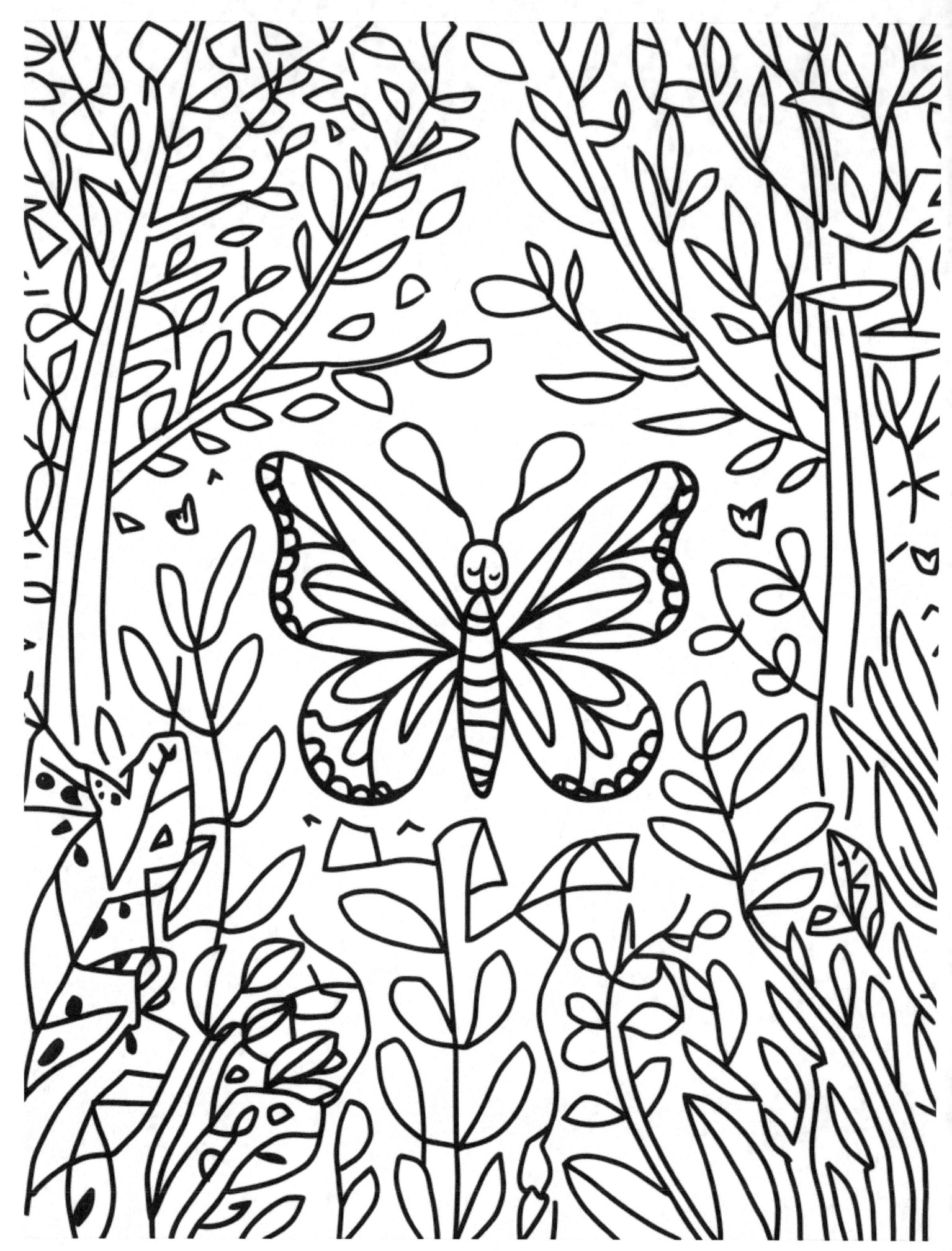

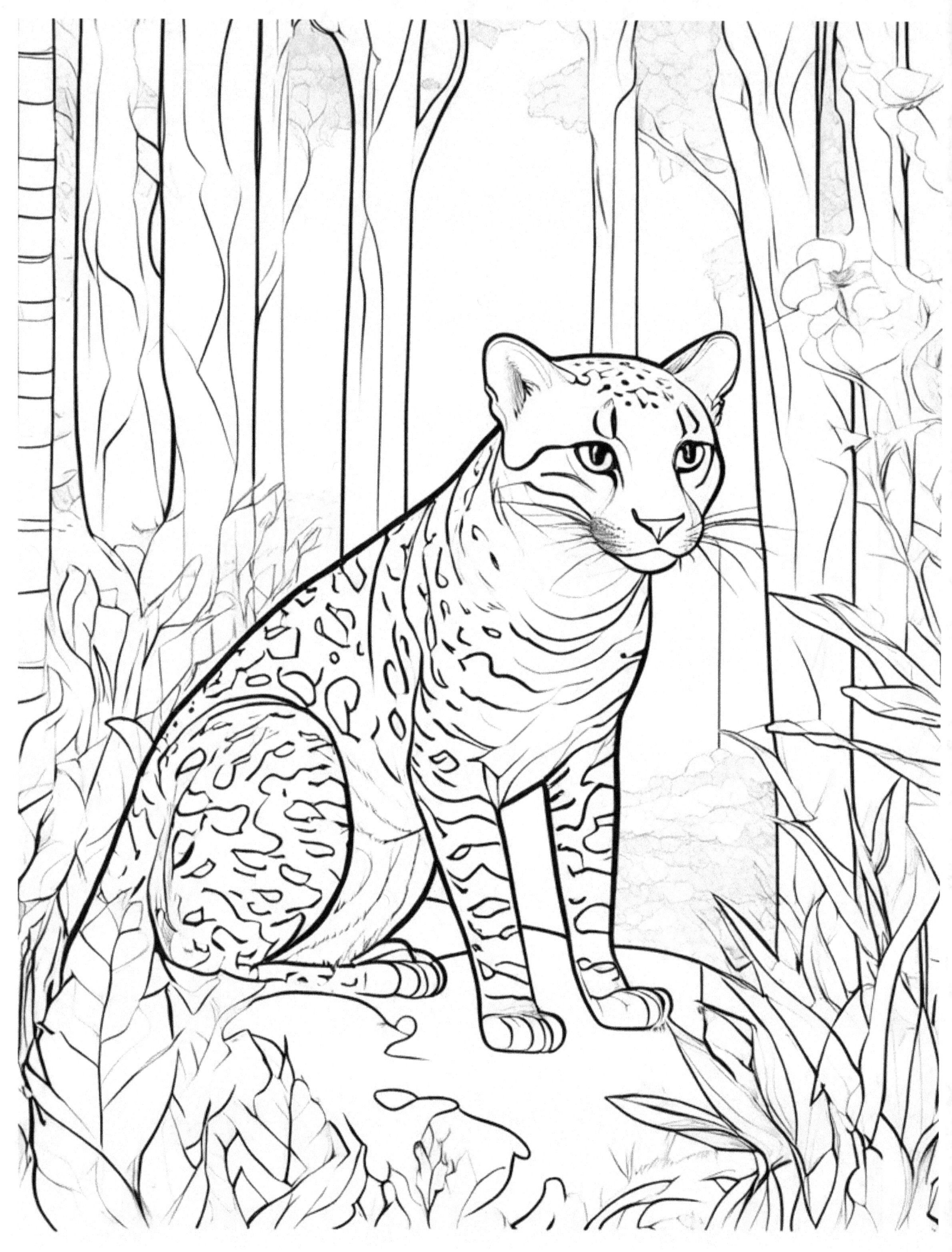

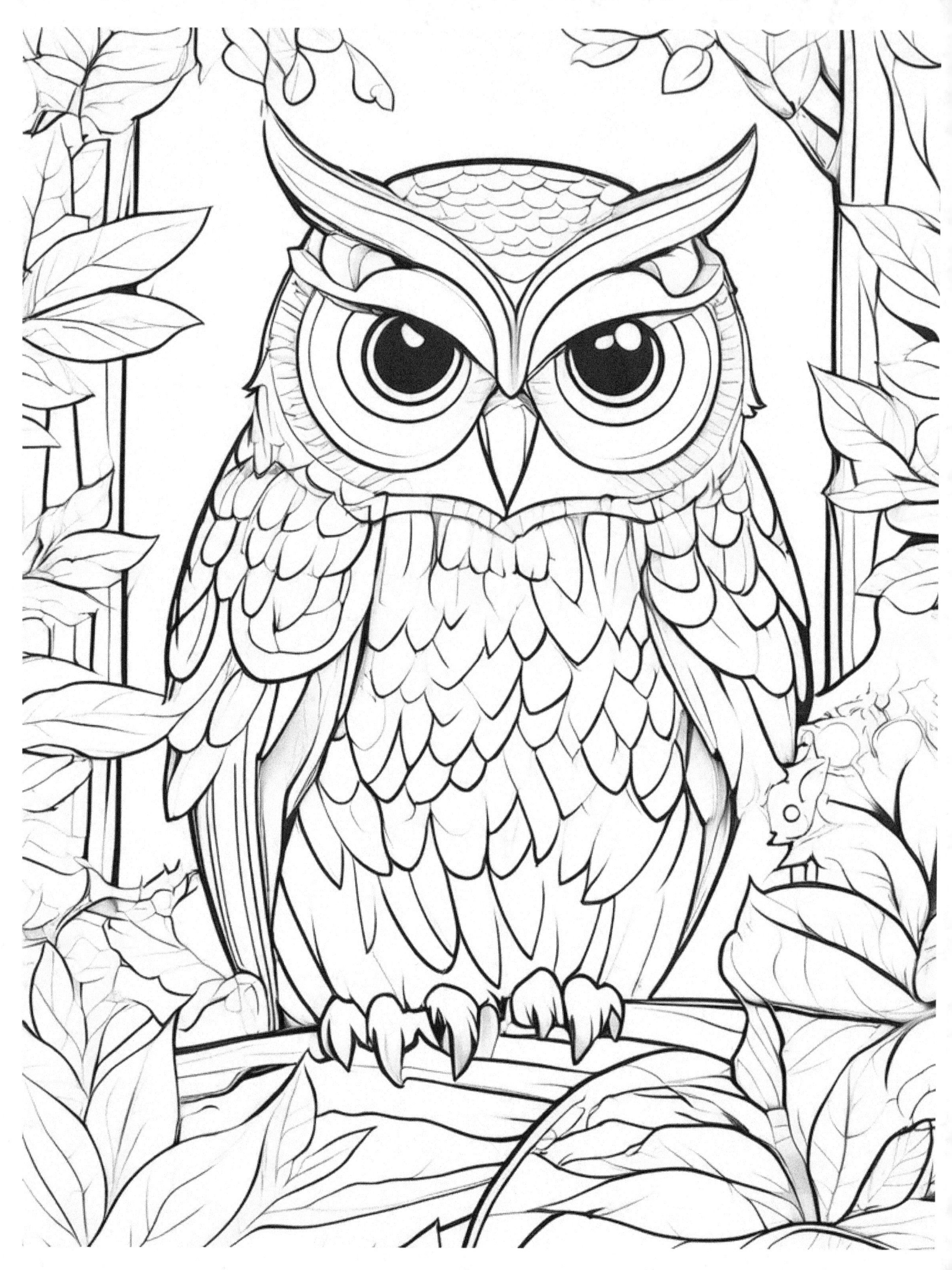

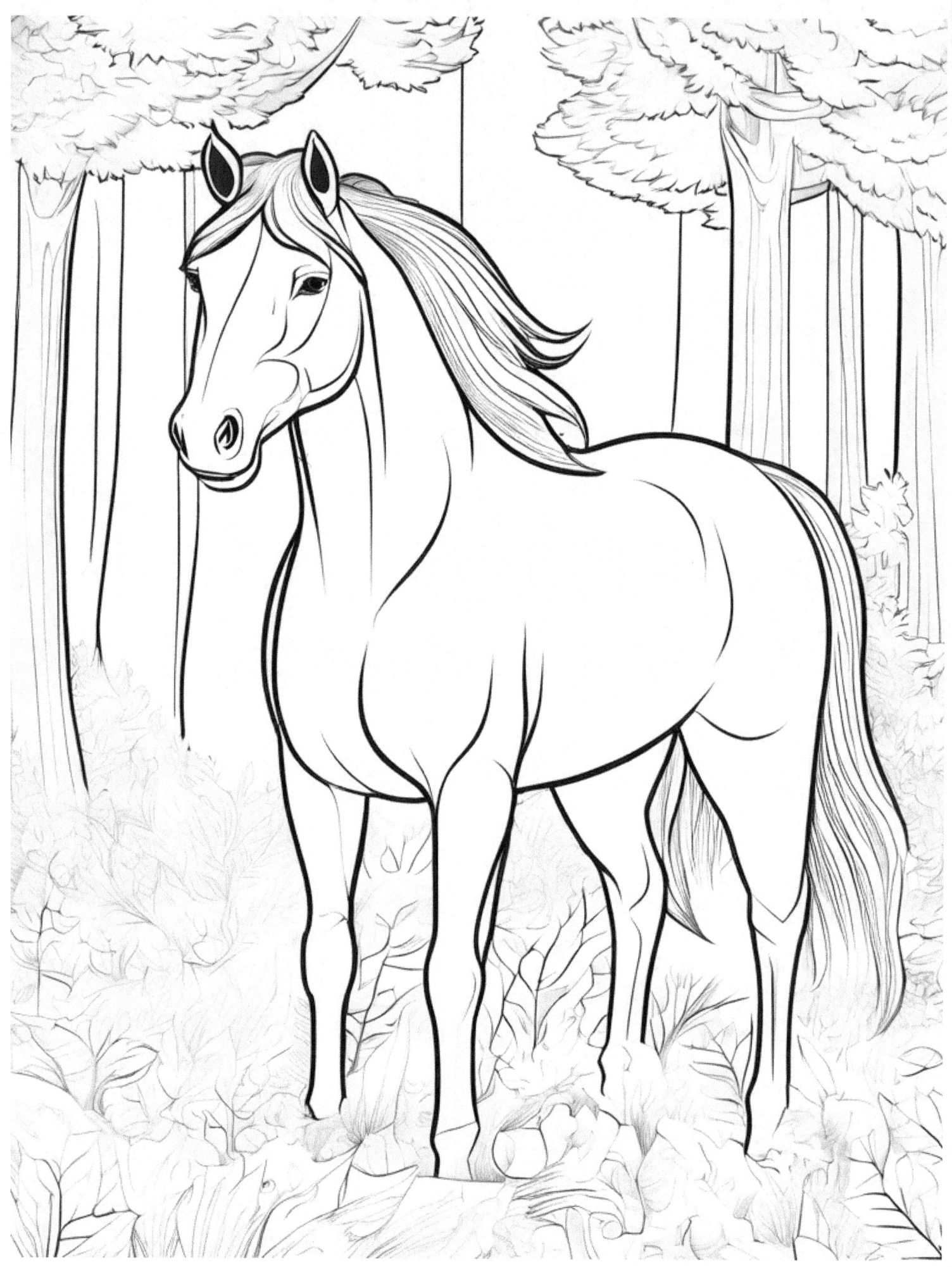

www.ingramcontent.com/pod-product-compliance
Lightning Source LLC
Chambersburg PA
CBHW062121220526
45471CB00010B/3827